BRETAGNE

Kulinarische Reiseskizzen

EDITH GERLACH

BRETAGNE

Kulinarische Reiseskizzen

HÄDECKE

ISBN 3-7750-0262-6

*Fotos, Gesamtgestaltung und Rezepte: Edith Gerlach
Umschlagentwurf: Peter März
Rezeptlektorat: Claudia Daiber
Satz: MFG Manhillen Fotosatz, Rutesheim
Reproduktionen: Repro-Technik Ruit, Ostfildern
Gesamtherstellung: Mohndruck, Gütersloh*

© *Walter Hädecke Verlag, Weil der Stadt, 1994*

*Alle Rechte vorbehalten, insbesondere die der Übersetzung, der Übertragung durch Bild- oder Tonträger, des Vortrags, der fotomechanischen Wiedergabe, der Speicherung in Datensystemen und der Fotokopie. Nachdruck, auch auszugsweise, nur mit Genehmigung des Verlages.
Printed in Germany 1994.*

INHALT

IM NORDEN — Côte d'Emeraude, Austern, rosa Felsen

7

IM WESTEN — Das Finistère, Küsten, Algen, crustacés

39

IM SÜDWESTEN — L'huître plat, Gauguin, die Straße der Menhire

85

IM SÜDEN — Côte d'amour, sel gris und gute Küche

93

IM LANDESINNERN — Städtchen für Gourmets und Kunstfreunde

111

Rezeptverzeichnis deutsch-französisch
116

Glossar, Museen, Restaurants
118

Die huîtres creuses de Cancale begeistern den Kenner.

IM NORDEN

Côte d'Emeraude,

Austern,

rosa Felsen

Frankfurt, Saarbrücken, Paris, immer weiter nach Westen und dann: Die Bretagne! Die kleinen Häuser very british, die Luft klar und salzig, der Himmel hoch und hell – ich bin im Lande *breizh* angekommen! Hinten am Horizont signalisiert der zarte blaugrüne Streifen zwischen Himmel und Erde la Côte d'Emeraude, die bretonische Smaragdküste, schon der Name zergeht auf der Zunge. Ich fahre nach Cancale in das berühmte Austernzuchtgebiet der Bucht Mont Saint-Michel. Eine wunderschöne Panoramastraße führt an der Küste entlang zum alten Hafen La Houle, und von dort geht es weiter steil hinauf in den Ort und zur Kirche. Vom Turm hat man eine herrliche Aussicht auf die weitgeschwungene Bucht. Endlos reihen sich Austernparks zu einem unregelmäßigen Raster aus großen und kleinen Feldern und Becken. Es ist *marée basse,* Ebbe: Man sieht in der Bucht auf riesigen Tischen unzählige Drahtkörbe liegen. In ihnen wachsen die jungen Austern drei bis vier Jahre lang ihrer vorgeschriebenen Größe entgegen. Bei *marée basse* schließen Austern hermetisch ihre

◁ *Bei marée basse kann man mit dem Pferdewagen in die Austernplantagen fahren. – Auf dem Austernmarkt am Leuchtturm gibt es die beliebten* creuses de Cancale *tagesfrisch zu kaufen.*

Schalen, und lassen erst bei *marée haute* wieder das Meerwasser samt dem sie ernährenden Plankton durch sich hindurchfluten. Sie können daher ohne Schaden die Stunden der Ebbe überstehen, ein Vorteil, der beim späteren Transport zum Verbraucher genutzt wird.

Bereits im Jahre 1545 erhielt das Fischerdorf Cancale Stadtrecht als Dank für üppige Austernlieferungen an die königliche Tafel in Paris. Aber rücksichtslose Ausbeutung ließ selbst die immensen Austernvorkommen in der Buch von Cancale drastisch zurückgehen. Bereits im 18. Jahrhundert wurden zeitlich begrenzte Fangzeiten festgelegt, doch selbst diese strengen Auflagen konnten die Austernbänke von Cancale nicht vor dem sicheren Tod retten.

Cancale ist der erste Ort an der bretonischen Küste, der die *ostréiculture* einführte: Seit 1930 betreibt man hier die Austernaufzucht. Das ist eine zwar lohnende, aber auch arbeitsintensive Methode: Die Austern müssen regelmäßig kontrolliert, am gegenseitigen Zusammenwachsen gehindert und ständig gewendet werden. Haben sie dann in drei bis vier Jahren die vorgeschriebene Größe erreicht, wandern sie aus den Drahtnetzen in die *claires,* große Frischwasserbecken, in denen die Austern je nach Güteklasse kürzer oder länger verbleiben, und von dort kommen sie, nach sorgfältiger Prüfung, in den Handel.

So auch auf den malerischen kleinen Austernmarkt zu Füßen des Leuchtturms von Cancale. Hier kann man auf den Stufen zum Meer hin sitzen und seine *huîtres creuses* genießen; bei Ebbe angesichts der zahllosen fleißigen Austernbauern, bei *marée haute,* wenn man Glück hat, angesichts der unter braunen Segeln vorüberziehenden

Weitläufig ziehen sich die schmalen Häuser von Cancale entlang der Bucht Mont Saint-Michel.

Bisquine »La Cancalaise«, die nach originalen Plänen im Jahre 1987 hier gebaut wurde. Im August, zur Zeit der französischen Sommerferien, herrscht auf dem Austernmarkt Hochbetrieb: Französische Gourmets goutieren erntefrische *huîtres creuses.* Am Abend liegt rund um den Markt ein dicker Teppich aus leeren Austernschalen und ausgequetschten Zitronenhälften.

Das einstige Fischerdorf Cancale ist heute ein blühendes Städtchen. In der Oberstadt findet der Besucher elegante Geschäfte: Antiquitäten, Geschenke, Delikatessen. Beim Bäcker in der Rue du Port liegen kunstvoll gebackene Pferdeköpfe im Schaufenster – jedes Jahr wechselt Monsieur Cottereau, der Patron, seine Motive, seine Ideen für das kommende Jahr wollte er aber noch nicht verraten!

Cancale wird auch gerühmt für seine schönen Frauen, man sagt, ein Quäntchen portugiesisches Blut habe sie besonders anziehend gemacht. Ausgeprägt war – und ist – hier an der Baie Saint-Michel wie auch überall sonst im bretonischen Küstenland die matriarchalische Lebensform. Frauen mußten – und müssen noch heute – häufig viele Monate des Jahres Wirtschaft, Hof und Kinder allein versorgen, das macht stark! Später traf ich im südlichen Finistère auf die ersten weiblichen Fischer: Jahrhundertelang war dies in der Bretagne undenkbar.

Die Auster beherrscht in Cancale nicht nur den Hafen von La Houle, sondern auch die Speisekarten der zahlreichen gastronomischen Unternehmen, die hier in den schmalen Fischerhäusern der alten Neufundlandsegler ihre Gäste verwöhnen. Die *huître creuse cancalaise* steht im Mittelpunkt der gebotenen Delikatessen. Am Markt schlemmt man Austern *crus,* hier in den Lokalen von La Houle werden sie in phantasievollen Zubereitungen offeriert. Zwei der vielen Rezepte fand ich besonders lecker: die Huîtres grillées au Lambig und die Huîtres farcies.

Huîtres grillées au Lambig

Gegrillte Austern mit Lambig

*20 tiefe Austern, z. B. huîtres creuses de Cancale,
3 bis 4 EL Lambig, Salz, Pfeffer aus der Mühle,
1 bis 2 EL Butter, grobes Salz.*

Die Austern werden geöffnet und ihr Wasser abgegossen. Die tieferen Schalen werden gründlich gesäubert und in jede eine Auster hineingesetzt. Man beträufelt die Austern mit Lambig, würzt mit Salz und Pfeffer und setzt auf jede ein Stückchen Butter. Dann streut man auf eine feuerfeste Platte eine dicke Schicht grobes Salz und setzt die vorbereiteten Austernhälften hinein, so daß sie nicht kippen können.
Unter dem vorgeheizten Grill werden die Austern etwa 3 bis 4 Minuten überbacken. In Cancale serviert man Graubrot und gesalzene Butter als Beilage.

Huîtres farcies

Gefüllte Austern ▷

*24 tiefe Austern, z. B. huîtres creuses de Cancale,
grobes Salz, 100 g gesalzene Butter,
2 feingehackte Schalotten, 2 feingehackte Knoblauchzehen,
4 EL gehackte Petersilie, 1 bis 2 EL Semmelbrösel,
Salz, Pfeffer aus der Mühle.*

Die Austern werden geöffnet und ihr Wasser abgegossen. Man säubert die tiefen Schalen gründlich und setzt die Austern wieder hinein. In eine ofenfeste flache Form streut man eine Schicht grobes Salz und setzt die Austern darauf. Schalotten und Knoblauchzehen werden in der heißen Butter kurz angeschwitzt, dann werden Petersilie und Semmelbrösel zugegeben und alles bei sachter Wärme etwa 5 Minuten durchgeköchelt. Man würzt mit Salz und Pfeffer, gibt auf jede Austernhälfte 1 Eßlöffel der Farce und überbackt unter vorgeheiztem Grill etwa 3 bis 4 Minuten.

*Die kleine heile Welt des Mont Saint-Michel ist undenkbar ohne die berühmten pré-salés.
Auf den Klippen über dem Meer in Cancale steht dieses schöne Kreuz.* ▷

Bei klarem Wetter sieht man am östlichen Ende der Bucht von Cancale einen zierlichen grauen Spitzkegel aus dem Watt ragen: Das ist der Mont Saint-Michel! Auf dem Wege dorthin entlang der Küste passiert man in Le Vivier-sur-mer riesige Muschelparks, erkennbar bei Ebbe an einem skurrilen Wald aus Stangen, auf denen dicht an dicht Muscheln wachsen, – die *bouchots*.

Seit 1958 betreibt man in der Bucht Mont Saint-Michel die *mytiliculture,* die Muschelaufzucht. Auf einer Länge von 280 Kilometern werden hier an den *bouchots* jährlich etwa 12000 Tonnen Muscheln geerntet: Le Vivier-sur-mer gilt heute als Zentrum der bretonischen Muschelzucht.

Der Mont Saint-Michel ist ein kleines Universum! Auf einer Fläche von etwa 1000 Quadratmetern und einer Höhe von rund 80 Metern beherbergt er eine ganze Welt: Kirche, Kloster, Friedhof, Patrizierhäuser, Hotels und Lokale. Unten, am Fuß der steilen Treppen, in der einzigen Straße, die es hier gibt, duftet es paradiesisch nach den Genüssen der Mère Poulard: Ihre Omelettes sind weltbekannt und ihre Crêperie ist Mittelpunkt aller hier gebotenen Gastlichkeit.

Draußen, auf den Parkplätzen am Meer, grasen die berühmten *pré-salé-Lämmer.* Wenn sie im Pulk die breite Deichstraße überqueren, die das Festland mit dem Berg verbindet, kommt der endlose Autoverkehr zum Erliegen.

Gegenüber dem Berg, in den Niederungen bei Roz de Couesnant, findet man an der Straße einen freundlichen Landsitz, die »Bégossière«, geschätzt für hausgemachte *rillettes,* Gänse- und Entenleberpastete, aber auch für traditionelle Landesspezialitäten: Nach altem Brauch wird hier die bretonische Lammkeule zubereitet, Madame Moubèche verriet mir das sorgsam gehütete Rezept, nach längerem Bitten auch die Zutaten für den bretonischen *Kig ha Farz,* einen üppigen Eintopf.

Kig ha Farz

Bretonischer Eintopf ▷

Für 6 Personen:
500 g Ochsenschwanz, 500 g Rindfleisch, z. B. Rinderbrust,
350 bis 500 g geräucherter Schweinebauch,
4 l Wasser, 1 TL Salz.

Für den Farz:
500 g Buchweizenmehl, 4 verschlagene Eier,
1 Tasse Milch, 2 EL Zucker,
1 TL feines Salz, 150 g Rosinen, 100 g geschmolzene Salzbutter,
falls nötig, eine kleine Menge der Brühe,
1 Leinenbeutel zum Kochen des Farz, zur Not kann man
auch eine große Leinenserviette benutzen,
die man gut zubindet,
4 bis 6 Möhren, 3 geschälte Zwiebeln,
das Weiße einer dicken Porreestange, 1 Kräutersträußchen,
1 Wirsingkohl, Salz.

Man kocht das Fleisch in etwa 4 Liter leicht gesalzenem Wasser eine Stunde bei schwacher Hitze. Während dieser Zeit bereitet man den Farz zu. Mehl, verschlagene Eier, Milch, Zucker, Salz und Rosinen werden zu einem Teig verarbeitet, zum Schluß gibt man die geschmolzene Butter dazu und verknetet alles gut. (Sollte der Teig zu trocken erscheinen, gibt man noch etwas abgekühlte Fleischbrühe daran.) Man läßt den Teig ruhen, solange das Fleisch kocht, und füllt ihn dann in einen Leinenbeutel, dann man fest zubindet. Der Beutel muß so groß sein, daß über dem Teig noch genügend Platz bleibt, denn die Teigmenge vergrößert sich während des Kochens. Alles Gemüse, außer dem Wirsing, wird in Stücke geschnitten, und, nachdem das Fleisch 1 Stunde gekocht hat, zusammen mit dem Farz-Beutel und dem Kräutersträußchen zur Brühe gegeben und eine weitere Stunde gekocht.

Während dieser Zeit viertelt man den Wirsing, blanchiert ihn kurz in heißem Salzwasser und dünstet ihn mit etwas abgeschöpfter Fleischbrühe gar. Nach der angegebenen Zeit holt man den Beutel aus der Brühe und läßt ihn abtropfen und kurz auskühlen. Man lockert ihn auf einem Brett auf, bis der Inhalt bröselig wird. Man nimmt das Fleisch heraus, schneidet es auf und richtet es zusammen mit dem Gemüse, dem Wirsing und dem zerbröselten Farz in einer großen Schüssel an. Die Brühe wird separat serviert.

Gigot d'Agneau à la Bretonne

Bretonische Lammkeule ▷

Für 6 Personen:
1 kg getrocknete weiße Bohnen, 1 Kräutersträußchen,
1 TL Salz, 3 l Wasser, 2 abgezogene Schalotten,
3 abgezogene weiße Zwiebeln, 1 gehäutete Fleischtomate,
3 abgezogene Knoblauchzehen, wer mag, kann auch mehr nehmen!
1 Lammkeule, etwa 2 kg, 2 bis 3 EL geschmolzene Butter,
Salz, Pfeffer, etwas Butter für den Bräter,
6 bis 8 kleine sauber gebürstete Kartoffeln, 2 EL Thymianblätter,
1 abgezogene Schalotte, 3 EL Butter, 1 Gläschen Lambig.

Man kocht die über Nacht eingeweichten Bohnen zusammen mit dem Kräutersträußchen etwa 2 1/2 Stunden in Salzwasser gar. 20 Minuten vor Ende der Kochzeit werden 2 Schalotten, die Zwiebeln, die Fleischtomate und 1 Knoblauchzehe dazugegeben und mitgekocht. Die restlichen beiden Knoblauchzehen werden halbiert und das Fleisch damit gespickt, danach wird es gründlich mit geschmolzener Butter bepinselt. Man würzt mit Salz und Pfeffer und setzt die Keule in einen gebutterten Bräter. Die ungeschälten Kartoffeln werden ebenfalls mit geschmolzener Butter eingerieben und dann zu der Keule gegeben. Man bestreut alles mit den Thymianblättern und backt die Lammkeule bei 180 Grad C auf der unteren Schiene im gut vorgeheizten Backofen etwa 45 Minuten. Keule und Kartoffeln müssen öfter gewendet und mit Bratfett übergossen werden. Die in der Zwischenzeit gegarten Bohnen läßt man abtropfen, entfernt das Kräutersträußchen und nimmt die darin gekochten Schalotten, Zwiebeln und die Tomate heraus. Die letzte rohe Schalotte wird feingeschnitten und in 3 Eßlöffeln Butter glasig gedünstet. Man gibt die gegarten Gemüse und das Gläschen Lambig dazu und verschlägt alles mit dem Schneebesen zu einer cremigen Soße. Die Bohnen werden in diese Soße gegeben und das Ganze einmal vorsichtig erwärmt. Dann richtet man die fertig gebratene Lammkeule zusammen mit den Kartoffeln auf einer großen vorgewärmten Platte an und umlegt sie mit den Bohnen.

Als mir Madame Moubèche dieses Rezept diktierte, habe ich mich gefragt, wer wohl diese aufwendige und zeitraubende Rezeptur nachkochen wird! Aber es hört sich komplizierter an, als es ist, und der Geschmack der Bohnen ist unvergeßlich!

Jeden Morgen sorgen fleißige Jeepfahrer für einen makellosen Sandstrand.

In der Nähe von Cancale liegt die berühmte Korsarenstadt Saint-Malo. Kilometerlange Sandstrände, die täglich von fleißigen Jeepfahrern glattgebürstet werden, begleiten den Besucher auf dem Weg zu den remparts, den alten Wallanlagen. Wohlhabende Reeder und reiche Korsaren haben hier in Saint-Malo im 17. und 18. Jahrhundert ihre wunderschönen *malouinières* erbaut: Traumhafte Landsitze, manche von ihnen noch heute zu bewundern, wie das elegante »Manoir de Limoëlou« bei Rothéneuf, Wohnort von Jacques Cartier, dem Entdecker Kanadas. Saint-Malo beherbergte noch manch andere berühmte Persönlichkeit: Der tollkühne Pirat Surcouf wohnte hier, und nach Chateaubriand, dem in Saint-Malo geborenen Dichter – auch Namensgeber des berühmten Filetsteaks – ist nicht nur die Hauptstraße der Stadt benannt, sondern auch »Le Chateaubriand«, das schönste Café in Saint-Malo, ein Prunkstück des Fin-de-siècle. Neben der Treppe, die hinaufführt zu den Wallanlagen, sind hübsche kleine Geschäfte an die schmalen Häuser herangebaut, und ein exquisites Restaurant, »La Duchesse Anne«, befindet sich hier in einem seinerzeit vom königlichen Baumeister Vauban konzipierten alten Magazin. Nach fast totaler Zerstörung Saint-Malos im Zweiten Weltkrieg wurde die gesamte Stadt im historischen Stil wieder aufgebaut, und inzwischen haben die Jahre das Neue angenehm patiniert.

Eines der vielen Meisterwerke des Abbé Fouré an der Küste von Rothéneuf.

Rothéneuf, kleiner Vorort von Saint-Malo, ist eine Visite wert – der Besuch der »Rochers Sculptés« ist ein Muß für jeden Kunstfreund! Im Laufe von fünfundzwanzig Jahren hat der Ende des 19. Jahrhunderts hier lebende Abbé Fouré unzählige Figuren, Menschen, Tiere, Fabelwesen in die grauen Felsen über Rothéneuf gemeißelt. Bei einem Rundgang kann man sie vor der Traumkulisse des blauen Meeres bewundern und genießt Stille und Poesie.

Das weitläufige Anwesen der »Rochers Sculptés« wird verwaltet von der Familie Janvier. Madame Janvier führt den Salon de thé, very british im Ambiente, Monsieur versorgt die Besucher mit Eintrittskarten und ist verantwortlich für das benachbarte »Musée Marin«. In dem angegliederten Magazin de Faïence verkauft Madame Service und ausgesuchte Einzelstücke der bekannten bretonischen Faïencerie Henriot, dazu schöne Arbeiten der Häuser Pornic und Moreau.

Die Speisekarte des Salons bietet Feines: *Pétoncles farcies, Soupe de poissons, Tarte au thon,* natürlich auch *Huîtres creuses* de Cancale. Ich entscheide mich für die *Plat de fruits de mer,* später schreibt mir der freundliche *cuisinier* die Garzeiten der einzelnen Muscheln und Krustentiere auf, merci! *Araignée* und *huîtres creuses* krönen den Besuch in diesem sympathischen Haus, und der kühle Muscadet – man empfiehlt eine Temperatur von 8 bis 10 Grad – erfrischt köstlich.

Im Magazin de Faïence von Madame Janvier.

Der berühmte Muscadet de Sèvres et Maines erbringt den größten Teil der gesamten Muscadetproduktion. Die Traube wurde im 18. Jahrhundert aus dem Burgund eingeführt, sie ergibt einen trockenen, fruchtigen Wein mit feiner Säure, der besonders gut zu allen crustacés- und Fischgerichten paßt.

Basis für viele dieser Köstlichkeiten ist zunächst einmal eine gute court-bouillon, für die es in der bretonischen Küche zahlreiche Rezepte gibt. Das hier angegebene Grundrezept läßt sich vielfältig verändern:

Court bouillon

Sud für Fische, Schal- und Krustentiere

*2 Möhren, 1 Petersilienwurzel,
200 g Sellerie, 1 Stange Lauch, 3 Schalotten,
2 Knoblauchzehen,
1 Kräutersträußchen (Thymian, Estragon, Kerbel, Lorbeerblatt),
einige Pfefferkörner, 2 l Wasser, 1 EL Meersalz,
2 l Muscadet.*

Das Gemüse wird gründlich gewaschen, geputzt und zerkleinert, danach zusammen mit dem Kräutersträußchen und den Pfefferkörnern etwa 30 Minuten in Salzwasser gekocht. Danach wird der Wein dazugegeben und alles noch einmal etwa 10 Minuten sachte durchgekocht. Die Brühe wird vor Gebrauch durch ein Sieb gegossen.

Und so soll, nach Anraten des Kochs in Rothéneuf, eine gut sortierte Meeresfrüchteplatte zusammengestellt und zubereitet werden:

Plat de fruits de mer
Meeresfrüchteplatte

Die vom Koch in Rothéneuf angegebenen Garzeiten gelten für handelsübliche Tiere mittlerer Größe.
1 bretonischer Hummer – homard breton – 25 bis 30 Minuten,
2 Taschenkrebse – tourteaux – 10 bis 12 Minuten,
5 Schwimmkrabben – étrilles – 10 Minuten,
24 Muscheln – moules – 10 bis 12 Minuten,
4–6 Langustinen – langoustines – 15 Minuten,
4 Garnelen – crevettes grises – 15 Minuten,
einige Wellhornschnecken – bulots – 6 bis 8 Minuten,
einige Strandschnecken – bigorneaux – 6 Minuten,
12 Cancale Austern – Huîtres creuses de Cancale,
evtl. einige frische Seeigel – oursins,
Algen, Zitronen.

Alle Tiere werden sorgfältig gewaschen und die Muscheln und Schnecken gründlich abgebürstet. Dann gart man zuerst den Hummer, indem man ihn schnell mit dem Kopf zuerst in den gut kochenden Sud (Seite 22) gleiten läßt, und danach alle anderen Tiere bis auf die Austern. Man läßt alle gegarten Schal- und Krustentiere gut auskühlen und arrangiert sie danach auf einer großen Platte. Die gründlich gereinigten Austern werden mit dem Austernmesser geöffnet, dann werden die leeren Schalenhälften wieder über die gefüllten gelegt. Danach setzt man die Austern vorsichtig, damit kein Wasser ausläuft, auf ein Bett von Algen zu den anderen Zutaten und dekoriert die Platte mit Zitronenhälften. Unter die üppige Meeresfrüchteplatte setzt man in Rothéneuf ein dreibeiniges hohes Gestell, das sieht sehr festlich aus und erleichtert bei Tisch das Zufassen. Beilage zu dieser Schlaraffenplatte sind Mayonnaise, Schalottenessig, Graubrot, Salzbutter und natürlich gutgekühlter Muscadet!

Beliebte Spezialität der Region: Die moules à la cancalaise.

Am Nachbartisch im Hause Janvier saßen bei meinem Besuch drei Freundinnen von Madame, sie speisten geruhsam ihre Muscheln. Es schien ihnen so gut zu munden, daß ich mir auch dieses Rezept vom Koch erbat.

Moules à la cancalaise

Muscheln nach Art von Cancale

2 kg Muscheln, gut gebürstet und gewaschen,
6 Knoblauchzehen, 4 Schalotten, 1 Bund Petersilie,
alles feingehackt,
1 Kräutersträußchen, Pfeffer aus der Mühle,
1 l Muscadet oder Gros Plant,
2–3 EL gesalzene Butter.

Man gibt die Muscheln mit den vorbereiteten Knoblauchzehen, Schalotten, der Petersilie und dem Kräutersträußchen in einen großen Topf, würzt mit Pfeffer aus der Mühle und übergießt mit dem Wein. Dann läßt man sie im zugedeckten Topf etwa 8 Minuten kochen. Ab und zu muß der Topf gerüttelt werden, damit sich die Muscheln gut mit den übrigen Zutaten vermischen können. Danach gibt man die Butter dazu, läßt weitere 5 Minuten kochen, entfernt das Kräutersträußchen und serviert die Muscheln in ihrem Sud. Madame Janvier richtete die Muscheln für ihre Freundinnen in altmodischen kleinen Suppentöpfchen an, das sah sehr hübsch aus!

Bei Saint-Malo mündet die Rance in den Ärmelkanal. Ihr Hinterland ist berühmt für besonders schmackhafte Äpfel. In Pleudihen, am östlichen Ranceufer, hat

Start frei in Saint-Malo: Die weite Bucht ist beliebt bei Wasser- und Strandseglern. Am Cap Fréhel bezaubern üppige Blumen, zahllose Seevögel und rosa Felsen. ▷

Monsieur Prié ein privates »Musée du Cidre« eingerichtet, hier wird man genau über die einzelnen Arbeitsgänge der Cidreherstellung unterrichtet und kann anschließend den guten *cru fermier* probieren.

Der Cidre ist in der Bretagne nicht nur als Getränk beliebt, man verwendet ihn auch gern als Aromaspender in der Küche. Ich aß in Saint-Servan, auf dem Weg von Saint-Malo zum Cap Fréhel, eine leckere, in Cidre gedünstete Makrele. Die Zubereitung ist einfach.

Maquereaux au cidre
Markrelen in Apfelwein

Für 3 Personen:
3 mittelgroße Makrelen, filetiert, Butter für die Backform,
1 Tasse gehackte Schalotten, 1 Tasse gehackte Petersilie,
1 EL Mehl, Salz, Pfeffer aus der Mühle,
1 Glas herber Apfelwein, cidre brut, 1/2 Tasse Sahne,
1 Tasse in Würfel geschnittenes Weißbrot.

Man buttert eine flache ofenfeste Form und legt die Makrelenfilets hinein. Darüber verteilt man Schalotten und Petersilie, bestäubt mit dem Mehl und würzt mit Salz und Pfeffer. Der Apfelwein wird darübergegossen und die Form mit Alufolie abgedeckt, danach im vorgeheizten Backofen bei 180 bis 200 Grad C auf mittlerer Schiene 20 bis 30 Minuten gebacken.

Vor dem Servieren gießt man die Sahne über den Fisch und bestreut mit in Butter gebräunten Weißbrotwürfeln.

Das Cap Fréhel ist ein berühmtes Seevogel-Reservat.

Wer über die Küche der Bretagne berichtet, kann nicht umhin, die Bucht von Saint-Brieuc anzusteuern, Hauptfanggebiet der Jakobsmuschel, der einzigen Muschelart in der Bretagne, die ausschließlich aus dem Meer gefischt und nicht in Parks kultiviert wird!

Die Fahrt von Saint-Malo zur Bucht von Saint-Brieuc führt vorbei am Cap Fréhel, der kleine Umweg lohnt sich. Die Landschaft am Cap ist atemberaubend schön, die Farbpalette zu jeder Jahreszeit abwechslungsreich, und Vogelliebhaber kommen in diesem Seevogelparadies voll auf ihre Kosten. Nach Westen grenzt an das Cap Fréhel die Halbinsel von Erquy, der gleichnamige Fischerort wird als die »Capitale de la coquille Saint Jacques« gerühmt. Nur in den vier Wintermonaten, von November bis zum März, darf auf diese rar gewordene Köstlichkeit Jagd gemacht werden, äußerst streng sind die gesetzlichen Auflagen: Zwei bis drei Tage in der Woche, und an diesen Tagen jeweils höchstens zwei Stunden, darf diese Muschel gefischt werden! Heute beträgt die Jahresmenge gefangener Jakobsmuscheln hier in der Bucht von Saint-Brieuc zwischen zwei- und viertausend Tonnen, – vor zwanzig Jahren waren es noch fünfzehntausend Tonnen.

Am Hafen von Erquy verwöhnt Monsieur Blouin, Patron des Restaurants »Beauregard« und Mitglied der »Bruderschaft der Chevaliers de la Coquille Saint Jacques des Côtes d'Armor« seine Gäste mit fangfrischen Jakobsmuscheln. Ich entschied mich für die klassische Zubereitung: Poêlon de St. Jacques. Das Rezept läßt sich gut nachkochen.

Le poêlon de Saint-Jacques

Jakobsmuschel-Pfanne

Für 1 Person:
6 küchenfertige Jakobsmuscheln mit Corail,
1 EL Butter, 1 EL Schneckenbutter,
1 Gläschen Cognac.

Von der Buttermischung wird eine größere Menge hergestellt, da sie sich gut einfrieren läßt.

Man benötigt:
250 g gesalzene Butter, zimmerwarm,
2 feingehackte Schalotten, 3 zerdrückte Knoblauchzehen,
1 Bund sehr feingehackte Petersilie,
Pfeffer aus der Mühle.

Für die Buttermischung wird die Butter mit den übrigen Zutaten gut vermischt und kühlgestellt.

Die Jakobsmuscheln werden in der Butter von jeder Seite 2 bis 3 Minuten angebraten, danach gibt man die Schneckenbutter dazu, läßt weitere 3 bis 4 Minuten köcheln und löscht mit dem Cognac ab.

Als Beilage zur Muschelpfanne eignen sich alle Salate der Saison und natürlich frisches baguette.

Binic, beliebter Badeort an der westlichen Seite der Bucht von Saint-Brieuc, war im vergangenen Jahrhundert ein bedeutender Fischereihafen. Von hier fuhren die Fangschiffe auf große Fahrt an die Küsten der Terre Neuve, Nordamerikas, um dort den Kabeljau oder Dorsch zu fangen, der zu Stockfisch, *morue*, verarbeitet wurde. Dieser Fisch war im vergangenen Jahrhundert ein wirkliches Grundnahrungsmittel: Er war billig, und er war getrocknet fast unbegrenzt haltbar! Madame Ringuenoire, die Frau eines reichen Reeders aus Binic, erfand das bekannteste bretonische Stockfischrezept: *La morue gratinée avec des épinards,* Klippfischauflauf mit Spinat.

Hierfür wird ein Stück Klippfisch, etwa 600 Gramm, über Nacht in reichlich Wasser eingeweicht, am nächsten Tag gründlich gewaschen und getrocknet. 600 Gramm Spinatblätter werden feingehackt, der Fisch in große Stücke zerteilt. In einem gußeisernen Topf erhitzt man 3 bis 4 Eßlöffel Öl und schmort darin den Spinat und die Fischstücke. Man gibt je ein Bund gewaschene und feingehackte Petersilie und Schnittlauch sowie eine gehackte Knoblauchzehe dazu und läßt alles aufkochen. Dann wird eine Tasse Semmelbrösel dazugegeben, das Gemisch 10 Minuten durchgekocht und anschließend von der Kochstelle genommen. Die Fischmasse wird auf ein Brett gegeben und grob zerhackt, zurück in den Topf geschüttet und um 3 verschlagene Eier bereichert, die daruntergerührt werden. Eine flache Backform wird gebuttert und die Fischmasse hineingegeben. Man bestreut die Oberfläche mit Semmelbröseln und setzt darauf einige Butterflöckchen, dann backt man den Auflauf im vorgeheizten Ofen bei 175 Grad C etwa 30 Minuten goldbraun.

Wahlweise läßt sich der Auflauf kombinieren mit einer leichten Buttersoße, einer Petersilienvinaigrette oder frischen Salaten.

Für die Fischer, die oft zweimal im Jahr auf Stockfischfang an die Küsten Nordamerikas aufbrachen, und in dieser Zeit nur karge Kost kannten, war dieses Rezept der Madame Ringuenoire bestimmt ein Festtags-Schmaus!

Die Bucht von Saint-Brieuc schwingt sich weit in den Nordwesten, vor ihrem nördlichen Ende liegt die Ile de Bréhat. Charmante kleine Häuser mit lustigen bunten Fenstern und Türen werden von strahlender Sonne beschienen. In den liebevoll gepflegten Gärten gedeiht üppige Mittelmeer-Flora. Man kann die Insel auf modernem Schiff umrunden und erblickt während dieser Fahrt die ersten rosa Felsen der

*An der Granitküste scheinen die Gesetze der Schwerkraft aufgehoben.
Am frühen Morgen ist es an den Küsten der Corniche bretonne besonders stimmungsvoll.* ▷

berühmten Côte de Granite rose. Die hier beginnende Corniche bretonne bietet eine überwältigende Ansammlung dieser rosafarbenen Felsen. Von Perros-Guirec führt über Ploumanach der historische »sentier des douaniers«, der Weg der Zöllner, an der Küste entlang. Phantastische Riesensteine, Hase, Champignon, Napoléons Hut und viele andere bizarrgeformte Felsen lassen die Phantasie spielen. Am Ende dieses Erlebnispfades kommt man zur Bucht des Heiligen Guirec. Mitten im Wasser steht die kleine Kapelle, nur bei Ebbe trockenen Fußes zu erreichen. Der originale Guirec, aus Holz geschnitzt, mußte durch einen neuen aus Stein ersetzt werden. Sein Kopf war zerstört, durchbohrt von unzähligen Nadelstichen – junge Mädchen dürfen auf baldige Ehe hoffen, wenn sie dem Heiligen mit spitzer Nadel in die Nase stechen! Die Corniche bretonne gehört zu den schönsten Küstenabschnitten der Bretagne. Weiter westlich nennt sie sich Corniche de l'Armorique, bleibt aber unverändert zauberhaft. Hier brennt man im Küstenstädtchen Lannion in der Distillerie Warenghem einen bretonischen Whisky. Fast hundert Jahre betreibt man schon dieses Geschäft. Man hatte mir den bretonischen Whisky, W B genannt, empfohlen, und er ist tatsächlich eine gelungene Ergänzung zu Muscadet, Cidre und Lambig.

Endlos reihen sich an der Corniche einsame Buchten, Wälder ziehen sich zum Meer hinunter, verträumte Häfen bieten Ruhe und Erholung. In Locquirec gibt es auf dem Weg vor der Kirche Sehenswertes: Die schönen alten Grabplatten sind fast alle geschmückt mit in den Grabstein gemeißelten *Coquilles Saint-Jacques!* Sind es Gedenksteine an Jakobspilger, die, zurückgekehrt aus Spanien, hier ihre letzte Ruhe fanden?

Wer Zeit hat, sollte die Corniche entlangfahren bis zu ihrem Ende an der Bucht von Morlaix; die einsame pointe de Primel bietet Schönheit pur. An der benachbarten pointe de Diben kann man am Hafen seine fangfrischen *crustacés* erstehen, die kleinen rosa Langustinen werden auch gekocht angeboten, hier in Diben schmeckten sie besonders gut.

In der schmalen Bucht von Morlaix, gegenüber von Diben, liegt Carantec, ein schon um die Jahrhundertwende geschätzter Badeort. Bevor man Carantec erreicht, fährt man durch riesige Artischockenfelder. Es ist Juni, Erntezeit: Die Männer schneiden gekonnt die stacheligen Früchte knapp unter dem Fruchtansatz ab und jonglieren sie mit Schwung in die großen Körbe, die sie auf dem Rücken tragen. Kilometerweit ziehen sich die Artischockenfelder hier durch das Léon, und am Abend war es in Carantec ein himmlisches Vergnügen, die erntefrischen Früchte gekocht, mit einer delikaten Vinaigrette, baguette und bretonischer *beurre demi-sel* zu degustieren!

Artichauts au Vinaigrette

◁ Artischocken mit Vinaigrette

4 Artischocken, 1 EL Rotweinessig,
Salz, Pfeffer aus der Mühle, 4 EL Olivenöl,
1 EL frischgehackte Kräuter,
Petersilie, Estragon, Kerbel.

Man wäscht die Artischocken gründlich, schneidet den Stielansatz ab und kürzt die äußeren harten Blätter. Dann gart man das Gemüse etwa 25 Minuten in kochendem Salzwasser. Wenn die Blätter sich leicht abziehen lassen, sind die Artischocken gar. Öl, Essig, Salz und Pfeffer werden verrührt, die gehackten Kräuter werden daruntergemischt. Wenn man die Artischocken oben auseinanderzieht, läßt sich das kleine Hütchen mit den obersten zarten Blättern entfernen und das »Heu« herausholen. Die Artischocke wird mit der Vinaigrette gefüllt. Beilage sind frisches baguette und beurre demi-sel.

Bei der Artischockenernte im Léon ist Geschicklichkeit gefragt.

Das Léon ist nicht nur für seine Artischocken berühmt, hier wächst auch erstklassiger Blumenkohl und feinster Brokkoli. Die Frühkartoffeln des Léons sind in ganz Frankreich bekannt und begehrt. Ein anderes wichtiges Landesprodukt ist die Zwiebel: Man exportierte sie früher von Roscoff nach England. Die Zwiebelhändler, »Jhonnies« genannt, fuhren mit ihrer Ernte auf die englischen Märkte und blieben so lange dort, bis ihre Ware verkauft war. Logischerweise ist ein berühmtes Gericht des Léon die Zwiebelsuppe! Es gibt sie in vielen Varianten, ich habe eine herzhafte ausgesucht.

Soupe d'Oignons "Jhonny"

Zwiebelsuppe »Jhonny« ▷

*600 g Zwiebeln, 1 EL gewürfelter Schinkenspeck,
1 EL Butter, 4 bis 5 kleine Kartoffeln,
einige kleine Thymianzweige, 3/4 l Fleischbrühe,
Salz, Pfeffer aus der Mühle, 2 verquirlte Eigelb,
1–2 Scheiben Weißbrot, in Würfel geschnitten,
1 EL Butter.*

Man schält die Zwiebeln, schneidet sie in feine Ringe und dünstet sie zusammen mit den Speckwürfeln in der Butter hellbraun. Dann schneidet man die geschälten Kartoffeln in kleine Würfel, gibt sie mit den Thymianzweigen zu den Zwiebeln, füllt mit Fleischbrühe auf und würzt mit Salz und Pfeffer aus der Mühle. Man läßt die Suppe etwa 20 Minuten sachte köcheln, entfernt die Thymianzweige, bindet die Suppe mit den Eigelben ab und läßt sie danach nicht mehr kochen. Die in der Butter goldbraun gerösteten Brotwürfel werden über die Suppe gestreut.

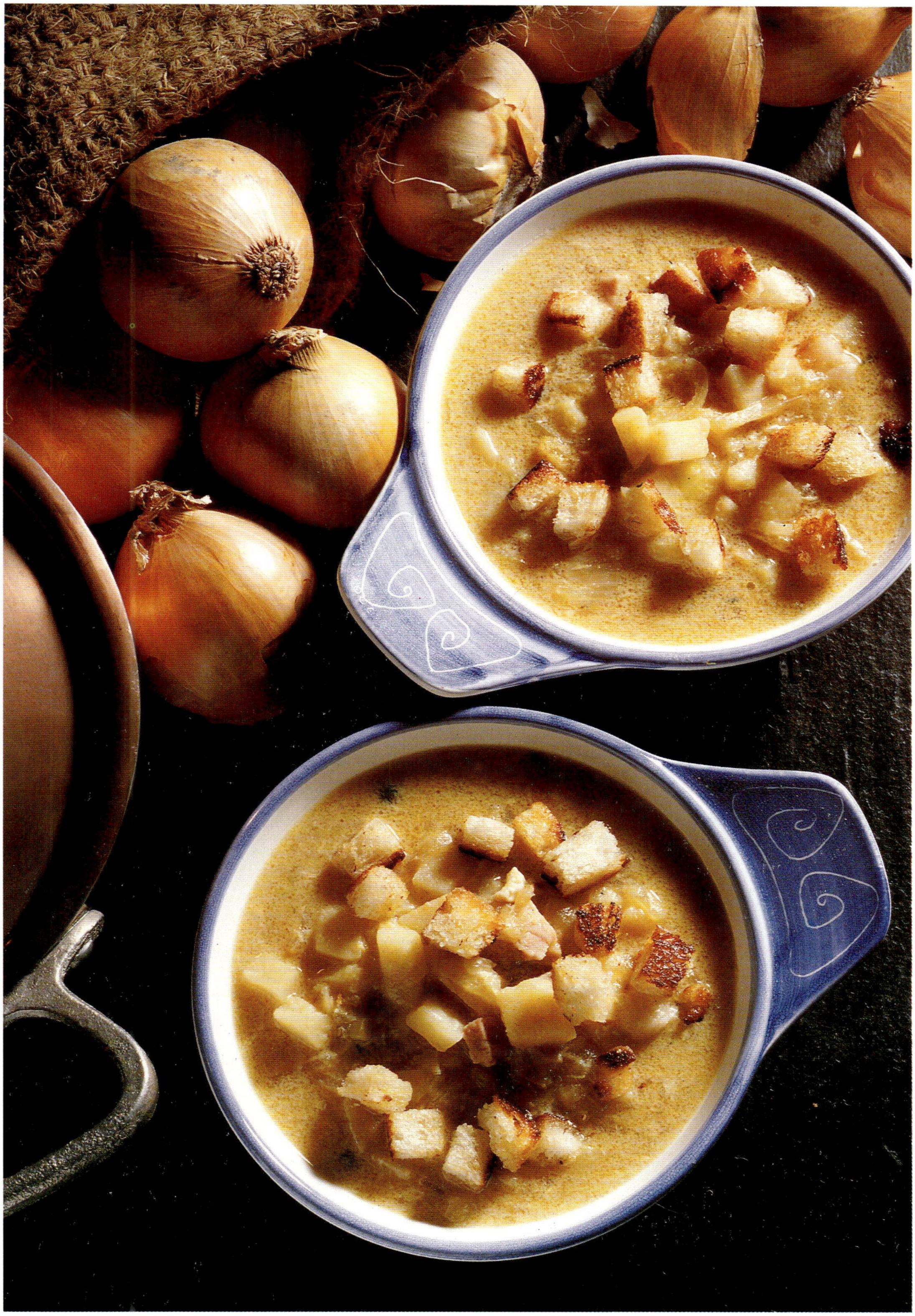

Ein guter Fang belohnt die harte Arbeit.

IM WESTEN

Das Finistère
Küsten, Algen,
crustacés

Man kann von Morlaix aus die Westküste des Finistère entweder über die Autobahn ansteuern, die von Saint-Brieuc über Morlaix nach Brest führt, oder man schlängelt sich an der Küste hinunter zur Pointe de Saint-Mathieu westlich von Brest. Die Straße verläuft entlang der Côte des Abers. Auf Brücken überquert man die schmalen Taleinschnitte des Aber-Wrac'h und später des Aber Benoit, enge Flußmündungen, die vom Meer geflutet werden. Im idyllischen Hafen von Portsall erinnert nur noch der riesige, an der Mole aufgestellte Schiffsanker an das Unglück aus dem Jahr 1978. Der Öltanker »Amoco Cadiz« havarierte vor der Küste und verursachte gigantischen ökologischen Schaden: Von der Pointe de Saint-Mathieu im Süden bis zur Ile de Bréhat im Norden der Bretagne waren Meer und Strände schwarz vom Öl. Heute sieht man nichts mehr davon, die Strände sind wieder weiß und makellos. Der gemütliche Patron in der kleinen Bar am Hafen berichtete von den schweren Jahren nach der Katastrophe, während er mir einen großen *café au lait* zubereitet.

Er stellt mir ein paar runde Kekse dazu, *biscuits bretons,* sie sind delikat, dabei, wie so vieles hier im Land, einfach herzustellen. Auch sie verdanken ihren Wohlgeschmack der gesalzenen bretonischen Butter!

Biscuits Bretons

Bretonische Butterkekse

250 g Mehl, 150 g Zucker, 1/2 Päckchen Backpulver,
3 EL Butter, 1 Ei, 1 EL Milch, 1 verquirltes Eigelb.

Man vermischt Mehl, Zucker und Backpulver in einer Schüssel, gibt stückchenweise die Butter, dann Ei und Milch dazu und verknetet alles gründlich. Der fertige Teig soll etwa 30 Minuten im Kühlschrank ruhen, danach rollt man ihn auf bemehlter Arbeitsfläche nicht zu dünn aus. Mit einem Glas sticht man runde Plätzchen aus, ritzt nach Belieben mit einer Gabel Muster in die Oberfläche und bestreicht diese mit dem verquirlten Eigelb. Die Kekse werden im vorgeheizten Backofen auf mittlerer Schiene bei 175 Grad C in etwa 15 Minuten goldgelb gebacken.

Zwischen Roscoff und Brest erstreckt sich vor der Küste des Finistère ein üppiger Algengürtel im Meer. Schon im Mittelalter wurden diese *goëmons* geerntet und zur Düngung genutzt. Heute befaßt sich vor allem die chemische und pharmazeutische Industrie mit ihrer Verarbeitung. Im Hafen von Plouguerneau und am Aber Ildut werden die zu gesetzlich festgelegten Zeiten geernteten Algen gesammelt. Etwa 80 Prozent der Gesamternte verläßt heute Frankreich Richtung Japan – die asiatische

An der Côte de légendes.

Küche liebt Algen – aber mehr und mehr interessiert sich auch die europäische Gastronomie für die Algenküche.

Die Küstenstraße von Portsall nach Argenton gehört zum Schönsten, was das *breizh* zu bieten hat! Steile Felsen, türkisblaues Meer, sattgrüne Wiesen, Blumen in allen Farben, und über allem der sich ständig verändernde bretonische Himmel mit den unzähligen Seevögeln: Eine Märchenlandschaft zum Träumen. Aber man kann sich auch sportlich betätigen, ein gepflegter Wanderweg führt am Meer entlang in die Landschaft mit Wiesen und Felsen.

Man kann entlang der Küste weiterfahren bis zur Pointe de Saint-Mathieu; dort liegt, 20 Kilometer vom Festland entfernt, die sagenumwobene Ile d'Ouessant. Die Überfahrt dorthin ist allerdings nur See-Erprobten zu empfehlen! Fast immer, zu jeder Jahreszeit, ist das Meer hier heftig und wild; die Schiffspassage an Ouessant vorbei in den Ärmelkanal gehört auch heute noch zu den gefährlichsten Seewegen der Welt.

Auf Ouessant befindet sich »La Société Aquacole«, die sich kommerziell mit Zucht, Verarbeitung und Vertrieb der Meeresalgen befaßt. Kultiviert wird auf Ouessant hauptsächlich die *Wakamé* hier auch *Ouessane* genannt, von Kennern als Delikatesse gerühmt. Ein bekannter Koch aus Brest, Pierrick Le Roux, hat ein informatives Algenkochbuch geschrieben; ich habe ihn besucht und um einige seiner Rezepte gebeten, et voilà! Monsieur Le Roux war gerne bereit hierzu – merci!

Beurre d'algues
Algenbutter*

1/2 Beutel (5 g) Ouessane-Algen (Wakamé), 1/2 l Wasser,
1 Glas Weißwein, 1/2 TL Salz, 125 g zimmerwarme Butter,
Saft einer Zitrone, Salz, Pfeffer aus der Mühle.

Das Wasser wird mit Wein und der Prise Salz erhitzt und die Algen im offenen Topf darin etwa 4 bis 5 Minuten gekocht, dann abgegossen.

Die Butter wird mit dem Handrührgerät schaumig gerührt, die abgekühlten Algen werden feingehackt. Dann gibt man sie mit dem Zitronensaft zur Butter, würzt mit Salz und Pfeffer, verrührt alle Zutaten gründlich und stellt kühl.

Algenbutter schmeckt delikat auf frischem baguette, sie paßt wunderbar zu Muscheln und vielen Fischgerichten und gibt Fisch-Soßen eine besondere Note.

Cocktail des mers
Krabbencocktail*

Für die Mayonnaise:
2 EL Olivenöl, 2 Eigelb, 1 TL Senf, 2 EL Weißweinessig,
Salz, Pfeffer aus der Mühle, 1 Gläschen Calvados,
1 Tasse Crème fraîche, Tomatenketchup nach Geschmack.

1 Kopfsalat, 2 Äpfel, 1 Zitrone,
1 Beutel (5 g) Ouessane-Algen, 1/2 l Wasser,
1 Glas Weißwein, 1/2 TL Salz,
1 Zitrone zur Dekoration.

Aus Eigelben, Senf und Essig rührt man eine Mayonnaise, würzt mit Salz und Pfeffer und gibt Calvados und Crème fraîche dazu. Wer mag, rührt etwas Tomatenketchup darunter. Die gewaschenen und trockengetupften Salatblätter werden in feine Streifen geschnitten, die Äpfel geschält, in Stückchen geschnitten und mit Zitronensaft mariniert. Man kocht die Algen im offenen Topf in Salzwasser, dem man ein Glas Weißwein beigibt, etwa 4 bis 5 Minuten, gießt sie ab und läßt sie abkühlen. Dann wird der Salat in 4 Cocktailgläsern angerichtet. Man gibt zuunterst die Salatstreifen, legt darauf nacheinander Apfelstückchen, Krabben und Algen, gibt vorsichtig die Mayonnaise darüber und dekoriert die Gläser mit Zitronenscheiben. Der Krabbencocktail wird gut gekühlt serviert.

Quiche du pêcheur

Fischer-Pastete* ▷

Für den Teig:
110 g Mehl, 55 g zimmerwarme Butter,
1 Eigelb, 3 EL Wasser, Salz

Für den Belag:
400 g Muscheln in der Schale, 1 Glas Weißwein,
1 Päckchen (5 g) Ouessane-Algen, 80 g Räucherlachs,
100 g gekochte, ausgepulte Krabben.

Für die Soße:
1 Tasse Milch, 1 Tasse Crème fraîche, 1 Ei,
1 Eigelb, Salz, Pfeffer aus der Mühle.

Man vermischt Mehl, Butter, Eigelb, Wasser und Salz gründlich miteinander und läßt den Teig 1 Stunde ruhen. In dieser Zeit kocht man die Muscheln mit dem Wein etwa 10 Minuten und löst sie anschließend aus den Schalen. Die Algen werden kurz in kaltem Wasser eingeweicht, dann gießt man sie ab und läßt sie gründlich abtropfen. Der Räucherlachs wird in feine Streifen geschnitten. Man legt eine gebutterte Quicheform von etwa 20 cm Durchmesser sorgfältig mit dem Teig aus, verteilt darauf gleichmäßig Muscheln, Lachsstreifen und Krabben und überstreut mit den Algen. Crème fraîche, Milch, Ei, Eigelb, Salz und Pfeffer werden sorgfältig miteinander verrührt und die Masse vorsichtig über der Quiche verteilt. Im vorgeheizten Ofen backt man die ersten 5 Minuten bei 250 Grad C und dann weitere 15 bis 20 Minuten bei 200 Grad auf mittlerer Schiene.

* 3 Rezepte aus: Cuisine et Algues de Bretagne, 60 recettes de Pierrick Le Roux, Société Aquacole d'Ouessant, 29242 Ile d'Ouessant.

Meeresalgen ergänzen hervorragend die tägliche Ernährung, sie bieten Kalzium, Jod, Eisen, Vitamin D, und beeinflussen günstig Stoffwechsel und Cholesterinspiegel. Die *Wakamé-* oder *Ouessane-*Alge ist bei uns in einigen guten Feinkostgeschäften erhältlich, auch manche Asia-Läden führen das Produkt, man kann sich die Algen aber auch direkt von der »Société Aquacole« aus der Bretagne schicken lassen.

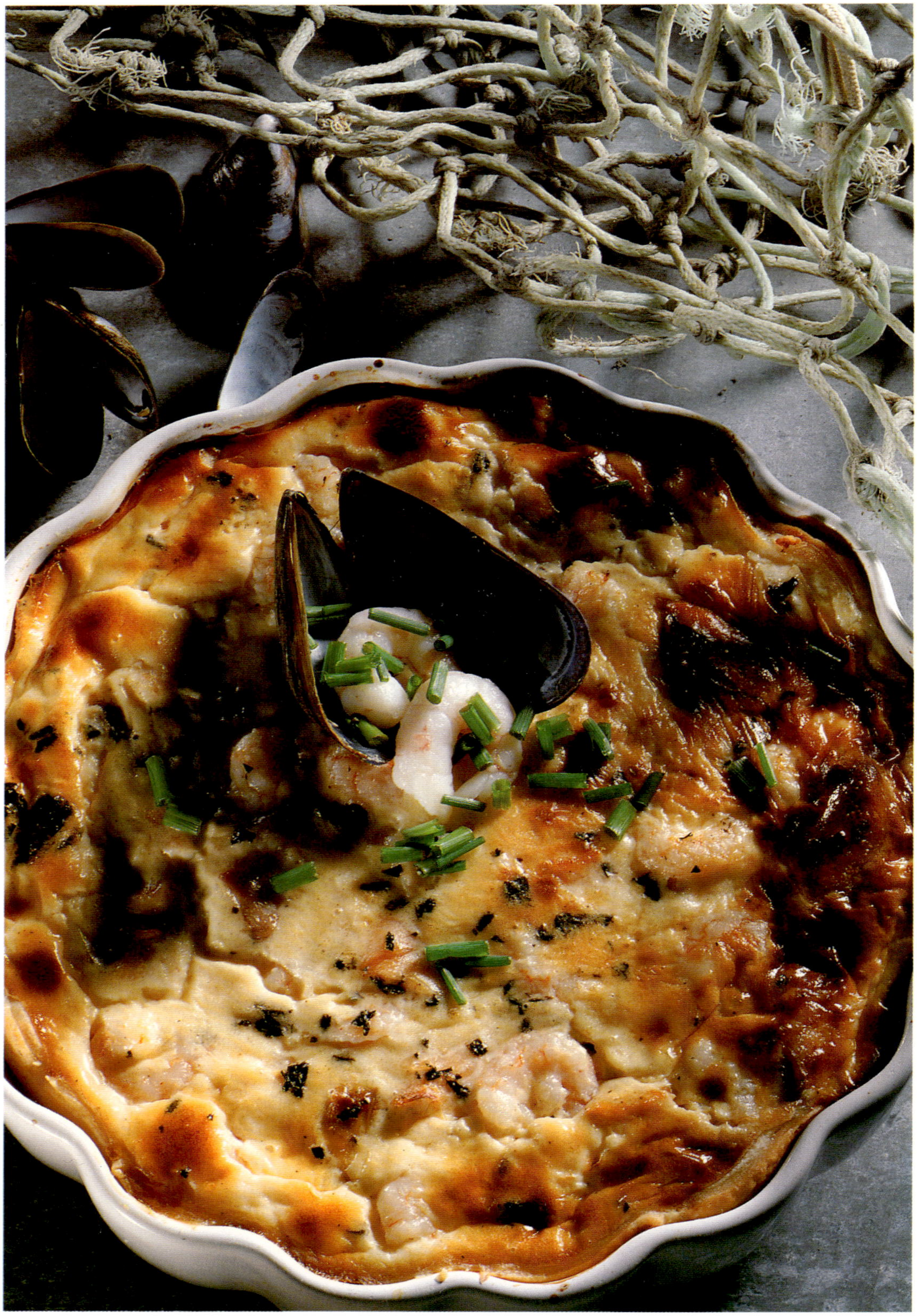

Beliebtes bretonisches Dessert: Gratin mit Erdbeeren von Plougastel.

Auf dem Weg von Brest nach Camaret führt die Straße an der Halbinsel Plougastel vorbei. Der berühmte *calvaire* von Plougastel, einer der ältesten und reichsten Kalvarienberge der Bretagne, zieht viele Besucher an. Gourmets aber schätzen die hier angebauten köstlichen *fraises,* die besonders schmackhaften Erdbeeren der Gegend. Ein Franzose, Monsieur Frezier, soll sie im 18. Jahrhundert aus Chile importiert und hier auf der Insel angepflanzt haben, unterstützt von fleißigen Jesuiten.

Die Erdbeeren von Plougastel sind nicht nur in der Bretagne beliebt, aber die Landesküche kennt köstliche Desserts mit Erdbeeren. Mir gefiel das Beeren-Gratin, und die Erdbeerkaltschale mit Muscadet ist an heißen Tagen eine köstliche Erfrischung.

Gratin de fraises

Erdbeer-Gratin

600 g reife Erdbeeren, Saft einer Zitrone,
Butter für die Gratinformen,
1/8 l Sahne, 60 g Zucker, 2 Eigelb,
1 Gläschen Calvados.

Man wäscht die Erdbeeren, entstielt und halbiert sie und mariniert die Früchte kurz mit Zitronensaft.

Dann gibt man sie in 4 kleine gebutterte Gratinformen oder feuerfeste tiefe Teller.

Die Sahne wird steifgeschlagen, Eigelbe und Calvados dazugegeben und diese Masse über den Erdbeeren verteilt.

Der Backofen wird gut vorgeheizt und die Gratins auf der oberen Schiene bei 250 Grad C etwa 8 Minuten überbacken.

Soupe de fraises

Erdbeerkaltschale

750 g reife Erdbeeren,
3 bis 4 EL feiner Zucker, wer mag, kann mehr nehmen!
1 Flasche (3/4 l) Muscadet.

Man wäscht die Erdbeeren und entstielt sie. Einige schöne Früchte werden zur Dekoration beiseite gelegt, der Rest püriert und mit Zucker und Wein vermischt. Die Kaltschale wird gut durchgekühlt, dann in tiefe Teller gegeben und mit den zurückbehaltenen Beeren dekoriert. In Plougastel reicht man zu der *soupe de fraises* feine Waffeln, und bereitet sie auch gern statt mit Muscadet mit einer Flasche *cidre fermier* zu.

Der erfolgreiche Langustenfischer versorgt seinen Fang.

Der Name Camaret-sur-mer läßt französische und Feinschmecker aus aller Welt aufhorchen: Schon im 18. Jahrhundert war Camaret ein Markenzeichen für fangfrische Langusten der Spitzenqualität. Hatte man früher die Qual der Wahl zwischen *langouste rosé* und der *langouste rouge,* ist heute hier nur noch letztere im Handel, Rücksichtslose Überfischung aller Krustentiere führte zu beängstigendem Rückgang der Erträge und zu Streit unter den Fangländern. Heute wird auch die begehrte Languste von Camaret nach festem Reglement und ausschließlich in heimischen Gewässern gefischt.

Am Nachmittag läuft ein verspäteter Kutter im Hafen ein, der Fischer scheint mit seinem Fang zufrieden, er strahlt! In den Behältern liegen *langoustes, tourteaux, araignées, homards.* Der Fischer greift die großen Langusten geschickt kurz hinter dem Kopf und legt sie vorsichtig in die Transportwanne. Langusten sind bildschöne, aber gefährliche Gesellen, die blaugrauen Hummer sehen dagegen bescheiden und harmlos aus. Auf der anderen Seite des Hafens, am Sillon, liegen riesige hölzerne Gerippe am Strand – Überreste der alten *mauretaniers* – bis zu vierzig Meter lang waren diese großen Fangschiffe. Heute sind sie auf dem Schiffsfriedhof der langsamen Zerstörung durch Regen und Wind ausgeliefert. Der kleinen Mauretanier-Häuser am Hafen hat sich fast ausnahmslos die Gastronomie bemächtigt! An schönen Tagen sitzen zahllose Besucher auf den schmalen Terrassen der vielen Lokale und schmausen Languste und Hummer.

Philippe, junger und engagierter Koch in der »Voilerie« am Hafen von Camaret, verriet mir auf meine Bitte einige seiner liebsten Rezepte. Natürlich stehen auch auf seiner Karte Hummer und Languste ganz obenan.

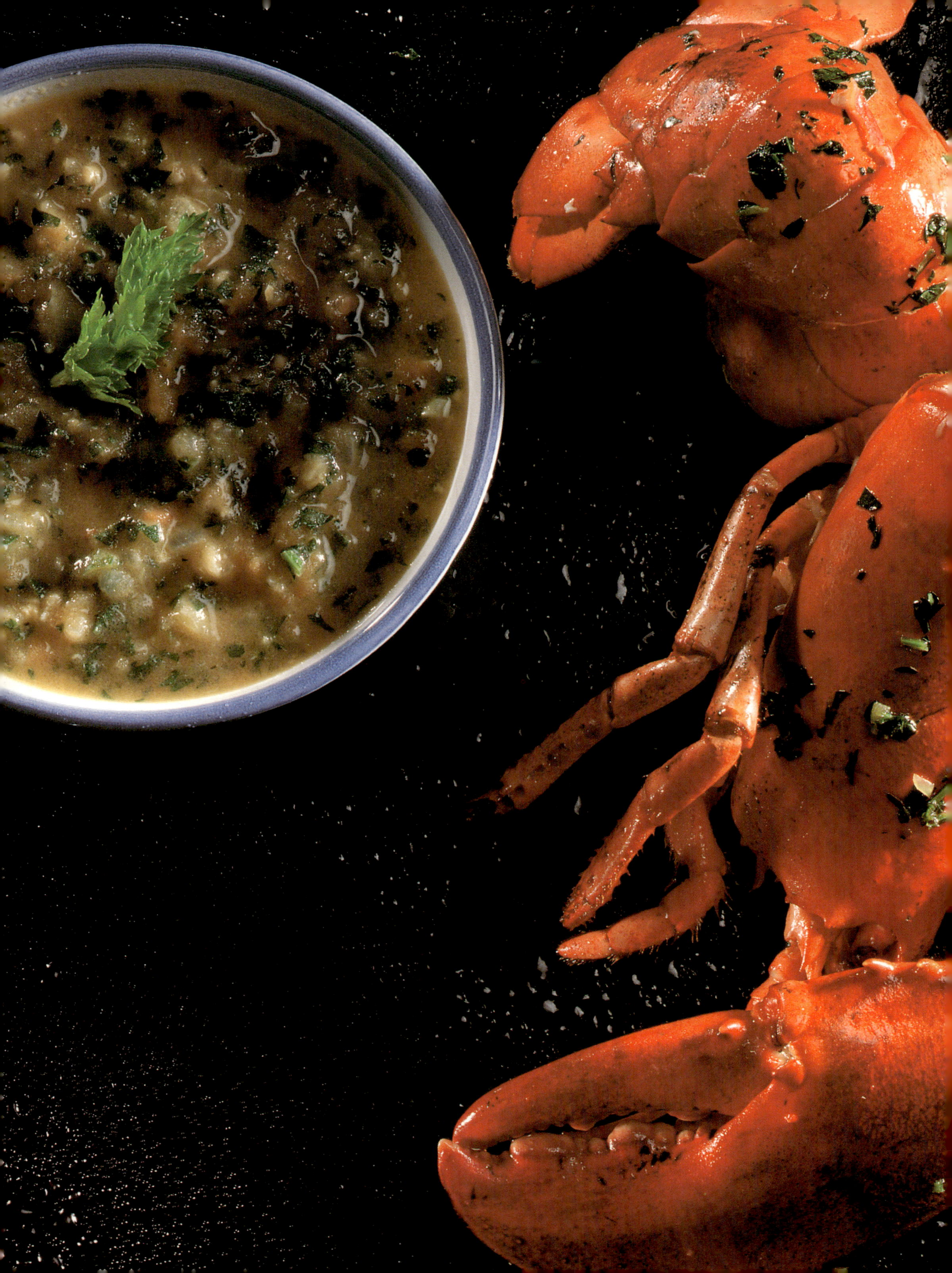

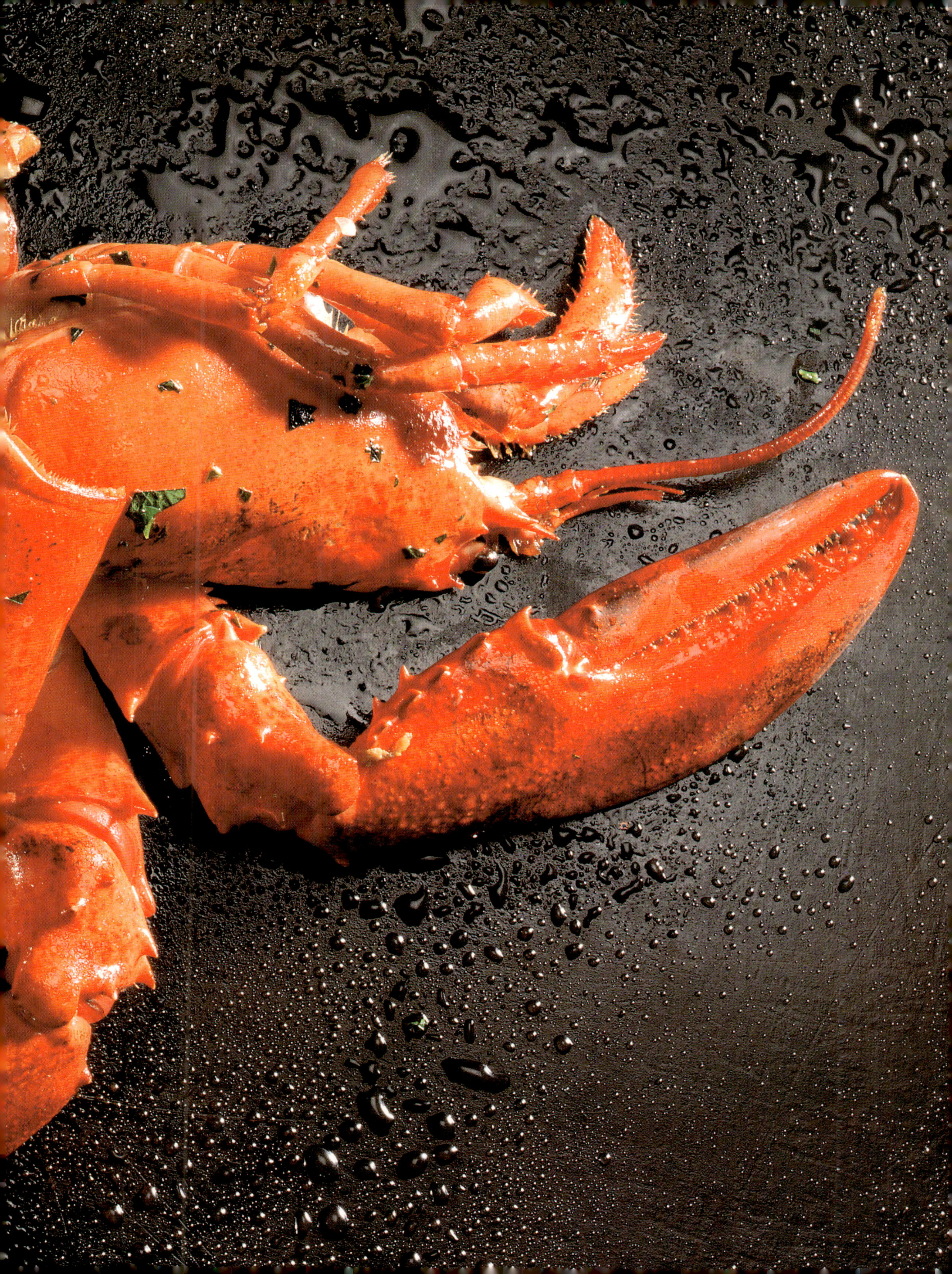

Homard à l'américaine

◁ Hummer armorikanische Art

*Für 2 Personen:
1 bretonischer Hummer, etwa 1,5 kg, 4 EL Olivenöl,
1 Gläschen Cognac, 6 feingehackte Schalotten,
2 bis 3 EL gehackte Kräuter der Saison,
4 enthäutete, entkernte und kleingeschnittene Tomaten,
2 EL Butter, 2 Gläser Muscadet, 1 Tasse court-bouillon,
Salz, Cayennepfeffer, 1 EL Butter für die Soße.*

Der Hummer wird 10 Minuten in kochendem Salzwasser gegart (s. Rezept S. 23 Plat de fruits de mer). Dann wird das Kochwasser abgegossen und der Hummer zerteilt. Man trennt die Scheren vom Körper ab, dreht das Schwanzstück heraus und schneidet es je nach Größe in mehrere Stücke. Der Körper wird mit einem starken scharfen Messer längs gespalten, der Magensack vorsichtig entfernt. Die cremigen Innereien werden herausgenommen und beiseite gelegt. In einer tiefen Pfanne brät man die Hummerteile in heißem Öl gut durch, gießt das Öl ab und flambiert mit dem Cognac. Dann fügt man die vorbereiteten Schalotten, Kräuter und Tomaten und die Butter zu und übergießt mit Muscadet und court-bouillon. Man würzt mit Salz und Cayennepfeffer, läßt alles gut durchkochen und 10 bis 15 Minuten sachte weiterköcheln.

Die Hummerteile werden auf eine vorgewärmte Platte gelegt und warmgestellt. Der Fond wird, falls noch zu flüssig, kurzt eingekocht, die beiseite gelegten Innereien werden leicht zerdrückt und durch ein Sieb dazugegeben, dann wird alles noch einmal kurz aufgekocht und mit Butter verfeinert.

Philippe siebt seine Soße durch und gibt sie direkt über die Hummerteile, man kann sie aber auch separat und »mit Gemüse-Biß« servieren.

Langouste grillée

Gegrillte Languste

Für 2 Personen:
1 lebende Languste, etwa 1 1/2 kg,
Salz, etwa 3 bis 4 l Wasser, 1 Kräutersträußchen,
Salz, Pfeffer aus der Mühle, 4 EL zimmerwarme Butter,
je 1 EL feingehackte Petersilie, Dill, Kerbel,
1 kleine Dose Anchovisfilets, etwa 50 g.

Man reinigt die Languste vorsichtig und gründlich unter fließendem Wasser, gibt sie mit dem Kopf voran in einen großen Topf mit kochendem Salzwasser, fügt das Kräutersträußchen hinzu und läßt sie zugedeckt etwa 15 Minuten kochen. Man nimmt die Languste heraus, trocknet sie gründlich ab, halbiert sie der Länge nach mit einem scharfen Messer, entfernt den Darm und würzt beide Schnittflächen mit Salz und Pfeffer. Die Butter wird mit den Kräutern und den feingehackten Anchovisfilets gut verknetet und dann in Stückchen über den Langustenhälften verteilt. Anschließend setzt man diese mit der Schalenseite nach unten auf den Rost und schiebt darunter eine Fettpfanne, um die austretende Kräuterbutter aufzufangen. Man überbackt unter dem vorgeheizten Grill etwa 10 Minuten.

In Camaret serviert man die Langustenhälften auf vorgewärmten großen Tellern, übergießt sie mit der aufgefangenen Kräuterbutter und reicht als Beilage knackig-frische kleine baguettes.

Coquillages farcis

Gefüllte Muscheln

1 bis 1 1/2 kg gemischte Muscheln,
z. B. Miesmuscheln, Teppichmuscheln, Venusmuscheln, Herzmuscheln,
1 Glas Muscadet oder Gros Plant, 150 g zimmerwarme gesalzene Butter,
1 bis 2 feingehackte Knoblauchzehen,
je 1 EL feingehackte Petersilie, Estragon, Kerbel,
2 EL Semmelbrösel.

Die Muscheln werden gründlich unter fließendem Wasser gewaschen, bereits geöffnete Exemplare aussortiert. Dann werden sie mit dem Wein in einen großen Topf gegeben und zugedeckt etwa 5 Minuten gekocht, wobei man den Topf öfter rüttelt. Man trennt die leeren von den gefüllten Schalenhälften, Muscheln, die jetzt noch geschlossen sind, wirft man weg. Danach setzt man die Muscheln in feuerfeste Portionsschalen. Die Butter wird mit Kräutern und Knoblauch verknetet und in kleinen Stückchen auf die Muscheln gegeben, dann bestreut man sie mit Semmelbröseln und überbackt etwa 3 Minuten unter dem vorgeheizten Grill.

Philippe dekoriert seine gefüllten Muscheln mit einer prächtigen Tomatenrose und gibt verschiedene Sorten Brot dazu.

Salade de coquilles Saint-Jacques

Jakobsmuschelsalat

1 kleiner Kopfsalat, 1 Bund Radieschen, 1 reife Avocado,
20 küchenfertige Jakobsmuscheln ohne Corail, 2 EL Butter,
100 g Schinken, 1 EL Schalottenessig, 1 TL Tomatenmark,
Salz, Pfeffer aus der Mühle, 4 EL Olivenöl,
2 EL feingehackte Kräuter der Saison.

Kopfsalat und Radieschen werden gewaschen, der Salat in Streifen, die Radieschen in Scheiben geschnitten und die Avocado geviertelt. Die gewaschenen und trockengetupften Jakobsmuscheln werden kurz in der Hälfte der Butter gebraten, dabei sollen sie keine Farbe annehmen. Danach läßt man sie abkühlen.

Der Schinken wird in feine Streifen geschnitten und in der restlichen Butter kroß gebraten. Aus Essig, Tomatenmark, Salz, Pfeffer und Öl rührt man eine Marinade. Dann gibt man Kopfsalatstreifen, Radieschenscheiben, Avocadoviertel, die Jakobsmuscheln und den gebratenen Schinken auf 4 flache Teller, mariniert mit der Salatsoße und bestreut mit den feingehackten Kräutern.

In der Voilerie wird jeder Salatteller mit 2 gekochten Crevetten in der Schale garniert und mit kleinen Roggenbrötchen und Salzbutter serviert.

Escalope de Saumon
Lachsschnitzel

Für 1 Person:
1 Lachsschnitzel, etwa 200 g, Saft von 1/2 Zitrone,
1 EL Mehl, 1 bis 2 EL Butter,
Pfeffer aus der Mühle, 1 Prise sel gris.

Man wäscht das Lachsschnitzel, tupft es trocken, beträufelt es mit Zitronensaft und wendet es in Mehl. Dann brät man es in Butter von jeder Seite etwa 4 Minuten. Man würzt mit Pfeffer und einer Prise grobem Meersalz.

Philippe gibt über sein escalope de saumon etwas geschmolzene Butter.

Beurre blanc nantais
Nanteser Buttersoße

Für 4 bis 6 Personen:
4 feingehackte Schalotten, 2 bis 3 EL Weißweinessig,
60 ml Muscadet, 2 EL Crème fraîche,
250 g gesalzene Butter, Pfeffer aus der Mühle,
Salz nach Geschmack.

Man gibt die Schalotten mit Essig und Wein in einen Topf und läßt alles bei schwacher Hitze so lange köcheln, bis die Schalotten glasig sind und alle Flüssigkeit fast verkocht ist. Man rührt die Crème fraîche dazu, verschlägt alles gründlich mit dem Schneebesen und läßt die Soße sämig einkochen. Unter ständigem Aufschlagen wird die kalte Butter stückchenweise dazugegeben und die Soße mit Pfeffer und nach Geschmack mit etwas Salz gewürzt.

Sardines grillées

Gegrillte Sardinen

24 ausgenommene kleine Sardinen mit Kopf und Schwanz,
1/2 Tasse Olivenöl, grobes Salz, Pfeffer aus der Mühle.

Die Sardinen werden unter fließendem Wasser gründlich gewaschen und dann trockengetupft. Man ritzt die Haut auf beiden Seiten kreuzweise ein, bestreicht sie mit reichlich Olivenöl und würzt mit grobem Salz und Pfeffer aus der Mühle. Dann werden die Sardinen auf einem Rost unter dem vorgeheizten Grill auf jeder Seite etwa 2 Minuten gegrillt.

Nach alter bretonischer Sitte serviert man in der Voilerie die gegrillten Sardinen mit kleinen halbierten Pellkartoffeln, die in Butter geschwenkt und mit gehackter Petersilie bestreut werden.

Poires en gelée

Birnengelee ▷

*Für 6 Personen:
1 kg feste Birnen, 4 EL Wasser, Saft von 1 Zitrone,
100 g Zucker, 12 bis 15 Blatt Gelatine,
Schale und Saft von 1 unbehandelten Orange,
300 ml Wasser, 200 g Zucker, 1/2 l Portwein,
Saft von 1 Zitrone.*

Die Birnen werden geschält und entkernt. Man schneidet sie in kleine Stücke und kocht sie kurz mit Wasser, Zitronensaft und Zucker durch. Danach gießt man sie durch ein Sieb und läßt sie auskühlen.

Die Gelatine wird in kaltem Wasser eingeweicht.

Man schält die Orange hauchdünn, schneidet die Schale in feine Streifen und stellt sie beiseite. Die Orange wird ausgepreßt. Wasser, Zucker, Portwein, Zitronen- und Orangensaft werden erhitzt, bis sich der Zucker aufgelöst hat.

Man drückt die eingeweichte Gelatine aus, gibt sie in die heiße Flüssigkeit und läßt diese etwas abkühlen.

In eine längliche Form aus Glas oder Porzellan, z. B. eine Kuchenform aus Jenaer Glas, gibt man nun etwa ein Drittel der Flüssigkeit, stellt kühl und läßt sie erstarren. Danach verteilt man die Hälfte der Birnen darüber, übergießt wieder mit einem Drittel der Flüssigkeit, stellt kühl und läßt wieder erstarren. Zum Abschluß werden die letzten Birnen auf die Geleeschicht gelegt und die restliche Flüssigkeit darübergegossen. Während der Nacht läßt man das Birnengelee im Kühlschrank fest werden.

Vor dem Stürzen taucht man die Form kurz in heißes Wasser. Man schneidet nicht zu dünne Scheiben und serviert sie auf flachen Tellern, übergießt jede Portion mit etwas Portwein und bestreut sie mit der Orangenschale.

Das Rezept der poires en gelée ist ein Lieblingsrezept von Philippe! Ein traditionelles Dessert der Bretagne, die gedünsteten Birnen, wird damit in einer modernen Spielart variiert.

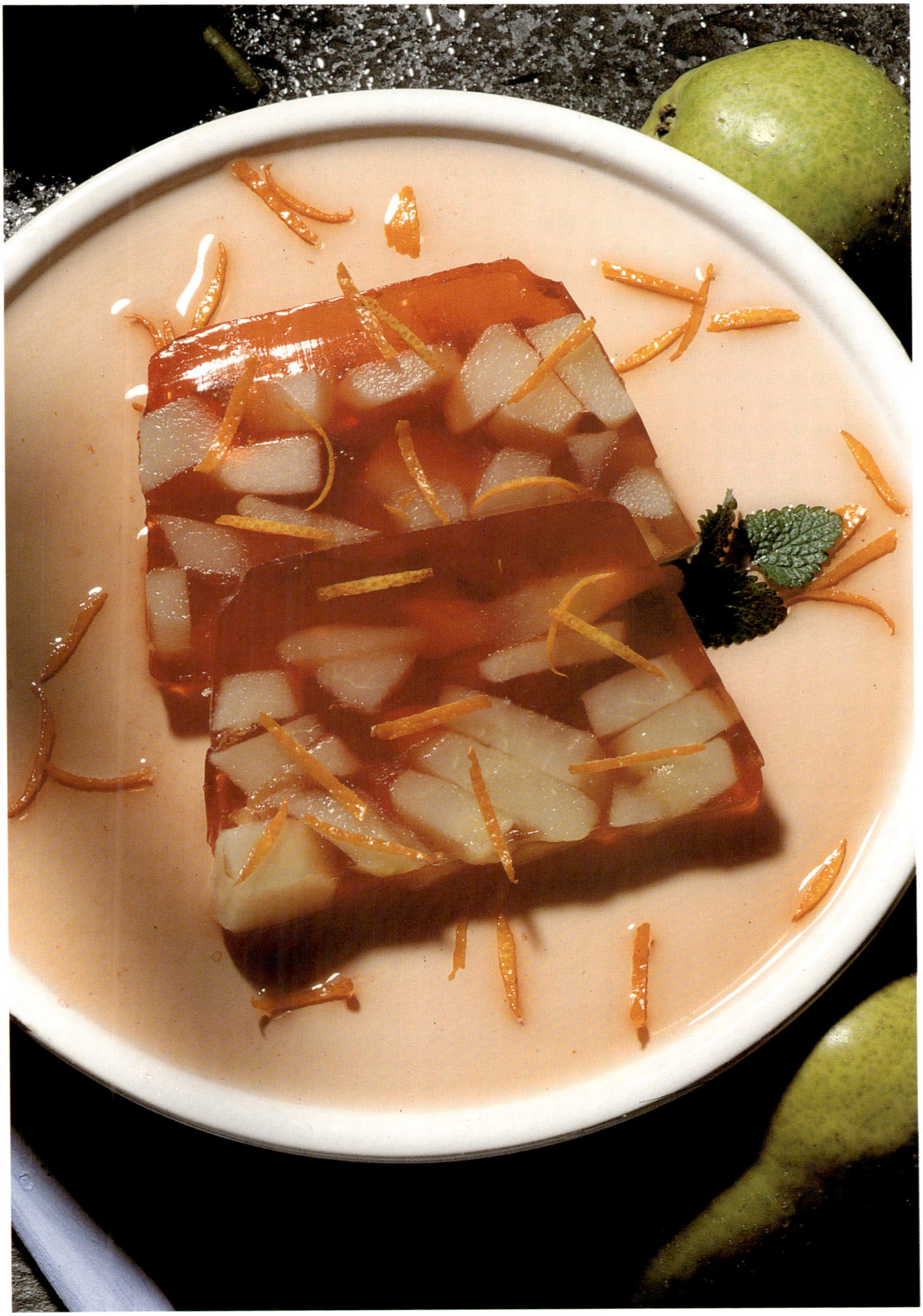

Am Quai Kléber, unweit der »Voilerie«, kann man in Michel's »Crêperie Rocamadour« köstliche *crêpes* und *galettes* essen – auf der Speisekarte finden sich 60 verschiedene Zubereitungen! Monique, die freundliche *cuisinière,* ließ mich in der Küche beim Backen zuschauen und verriet mir die beliebtesten Rezepte des Hauses. Wenn man sich von der Reise in die Bretagne die notwendigen Gerätschaften zur Crêpeherstellung mitbringt, Pfanne, Spatel, Rakel, steht der Zubereitung dieser Köstlichkeiten am heimischen Herd nichts im Wege!

Monique unterscheidet zwei Grundteigarten, den mit *froment* – Weizen hergestellten und den mit *blé noir* – Buchweizen – hergestellten Teig.

pâte de froment

Heller Teig (für Crêpes)

Für 4 bis 6 Personen:
2 kleine Eier, 250 g Weizenmehl, 2 EL Buchweizenmehl,
200 g Zucker, 1/2 l Milch, Vanille-Extrakt, 1 Prise Salz,
1/2 Tasse Crème fraîche.

Man schlägt die Eier schaumig, gibt nach und nach die übrigen Zutaten dazu und verrührt alles gründlich zu einem glatten Teig

pâte de blé noir

Dunkler Teig (für Crêpes)

Für 6 bis 8 Personen:
750 g Buchweizenmehl, 1 EL grobes Salz,
1 Ei, Wasser.

Man vermischt Mehl und Salz in einer Schüssel, gibt dann das Ei und soviel Wasser dazu, daß ein dickflüssiger Teig entsteht.

Monique empfiehlt drei besonders beliebte Crêpe-Rezepte:

La complète
Buchweizenpfannkuchen mit Ei, Schinken und Käse

4 kleine Suppenkellen dunkler Teig,
Schmalz oder Öl für die Pfanne, 4 Eier,
4 Scheiben gekochter Schinken,
4 EL geriebener Käse, 1 EL gesalzene Butter.

Die Pfanne wird gut gefettet und dann erhitzt. Man gibt den Teig darauf, verteilt ihn schnell mit der Rakel zu einem Kreis und backt die Unterseite bei starker Hitze. Dann wendet man den Pfannkuchen, gibt ein Ei in die Mitte der gebackenen Seite, legt vorsichtig eine Scheibe Schinken darüber und bestreut ihn mit dem geriebenen Käse. Zum Schluß wird ein Butterflöckchen daraufgesetzt. Wenn der Pfannkuchen fertig gebacken ist, faltet man die Ränder über dem Belag so zusammen, daß eine quadratische Form entsteht. Man serviert den Pfannkuchen heiß, als Beilage paßt jeder frische Salat.

La Saumon citron vert
Buchweizenpfannkuchen mit Lachs und Limette

4 kleine Suppenkellen dunkler Teig,
Schmalz oder Öl für die Pfanne, 2 EL geschnittener Schnittlauch,
1/2 Tasse Crème fraîche, 1 EL gesalzene Butter,
4 dünne Scheiben Räucherlachs, 1 Limette.

Man mischt den Schnittlauch unter die Crème fraîche und erwärmt diese Mischung vorsichtig in einem kleinen Topf. Dann backt man die Unterseite des Pfannkuchens wie oben beschrieben, wendet ihn und legt in die Mitte der gebackenen Seite ein Stückchen Butter und eine Scheibe Räucherlachs. Wenn der Pfannkuchen fertig gebacken ist, faltet man die Ränder über der Füllung zu einem Quadrat zusammen. In die Mitte gibt man etwas Schnittlauch-Crème fraîche und eine Scheibe Limette.

La Banquise

Pfannkuchen aus Weizenmehl mit Vanilleeis

4 kleine Suppenkellen heller Teig,
Schmalz oder Öl für die Pfanne,
50 g geschmolzene zartbittere Schokolade,
1 EL geröstete Mandelblätter, 8 Kugeln Vanilleeis,
2 Gläschen Grand Marnier.

Man backt den Pfannkuchen wie oben beschrieben. Auf die gebackene Seite gibt man 1 Eßlöffel geschmolzene Schokolade und einige geröstete Mandelblätter. Die Ränder des fertig gebackenen Pfannkuchens werden wieder über der Füllung zusammengefaltet, und in die Mitte legt man 2 Kugeln Vanilleeis. Dann gießt man 1/2 Gläschen Grand Marnier über den Pfannkuchen, flambiert und serviert ihn noch brennend.

In Chateaulin habe ich später ganz andere Pfannkuchen gegessen – die galettes aux pommes de terre! Sie passen gut zu Fleischgerichten, wer es festlich liebt, bäckt in jede *galette* ein Stückchen Räucherlachs mit ein und serviert sie mit Crème fraîche und frischem Salat.

Galettes aux pommes de terre

Kartoffelpfannkuchen

Für 4 bis 6 Personen:
500 g geschälte Kartoffeln, 5 EL Milch,
3 EL Mehl, 3 Eier, 4 Eiweiß, 3 EL Crème fraîche,
Salz, Butter zum Braten.

Die Kartoffeln werden in Salzwasser gegart, abgegossen und püriert. Wenn die Masse abgekühlt ist, werden die Milch und das Mehl, dann langsam die Eier und die Eiweiße daruntergerührt. Zum Schluß gibt man die Crème fraîche unter die Kartoffelmasse und würzt mit Salz. Man läßt den Teig kurz ruhen. Dann schmilzt man Butter in einer großen Pfanne, gibt löffelweise von der Kartoffelmasse hinein und backt die etwa handtellergroßen *galettes* von beiden Seiten goldgelb.

*Mit geeigneten Küchengerätschaften
lassen sich auch zuhause leckere Crêpes backen.*

Die Chapelle Rocamadour und der Tour Vauban sind zwei Wahrzeichen Camarets. Der Pardon de la mer ist das bedeutendste Fest der Stadt. ▷

Am ersten Sonntag im September wird in Camaret der »Pardon de Notre Dame de Rocamadour« gefeiert. Nach der Messe in der zauberhaften kleinen Kirche, von deren himmelblauer Holzdecke ein altes kleines Segelschiff herabhängt, zieht die Prozession zum Hafen. Ein mannshohes goldenes Kreuz wird von starken Camaretern in ein blumengeschmücktes Boot getragen, ihm folgen der Priester und die Honoratioren der Stadt, dann fährt ein fröhlicher Korso vieler blumengeschmückter Schiffe hinaus aufs Meer. Fromme Gesänge schallen über das Wasser und werden von den am Ufer Stehenden beantwortet. Nach seiner Rückkehr an Land segnet der Priester Meer und Schiffe und gedenkt in bewegenden Worten all derer, die im Meer geblieben sind.

Camaret war im Mittelalter eine beliebte Station der Jakobspilger auf dem Seewege nach Santiago de Compostela. Man vermutet, daß sich der Name der »Chapelle de Notre Dame de Rocamadour« herleitet von der berühmten Wallfahrtskirche der Pilger in Rocamadour im Süden Frankreichs.

63

Die Halbinsel Crozon gehört mit der Insel Ouessant zum »Regionalen Naturpark de l'Armorique«, der von der Küste bis weit in das Landesinnere reicht. Das »Ecomusée« auf der Insel Ouessant und das »Musée Les Vieux Métiers Vivants« in Argol sind zwei Beispiele für viele Bemühungen, Tradition zu pflegen und die Umwelt zu bewahren. In Argol führen die alten Bewohner der Halbinsel den Besuchern traditionelle Handwerksarbeiten vor: Vom Schnitzen der hölzernen *sabots* über das Flachsspinnen und Körbeflechten bis zu kunstvollen Stickarbeiten an den berühmten *coiffes,* – das liebenswerte Museum ist belagert von Touristen!

Im »Musée du Cidre« kann man gut erhaltene alte Apfelweinpressen bewundern und andere historische Gerätschaften, wie draußen im Hof eine kreisförmige steinerne Rinne, in der man früher mit Hilfe von ziehenden Pferden die Äpfel entsaftete!

Im Verkaufsraum des Museums werden verschiedene *cidres de maison* zum Degustieren angeboten; wer sich stark fühlt, kann auch den Lambig probieren, einen hochprozentigen Klaren aus gebranntem Apfelwein. Madame Bourvon, mit der ich ins Gespräch kam, verriet mir Tips aus ihrer Küche; ihr Lieblingsrezept: Die gekochten *tripes au cidre* – Kutteln in Apfelwein. Dieses deftige Gericht war – und ist noch heute – ein beliebter bretonischer Hochzeitsschmaus.

Tripes au cidre

Kutteln in Apfelwein ▷

*1 EL gesalzene Butter, 1 kg Kutteln, verschiedene Sorten,
gebrüht und bereits geschnitten (möglichst feine Streifen),
1 Tasse gehackte Schalotten,
1 Tasse in Lambig eingeweichte Rosinen,
2 Gläser trockener Apfelwein, cidre brut, Salz,
Pfeffer aus der Mühle, 2 verschlagene Eigelb.*

Man zerläßt die Butter in einem Topf und brät darin die Kutteln gut durch. Dann gibt man Schalotten, Rosinen und Cidre dazu, würzt mit Salz und Pfeffer, läßt durchkochen und etwa 20 Minuten bei sachter Hitze weiterköcheln. Danach nimmt man den Topf von der Kochstelle und legiert mit den Eigelben. Man ißt die Kutteln mit Bauernbrot oder *galettes*.

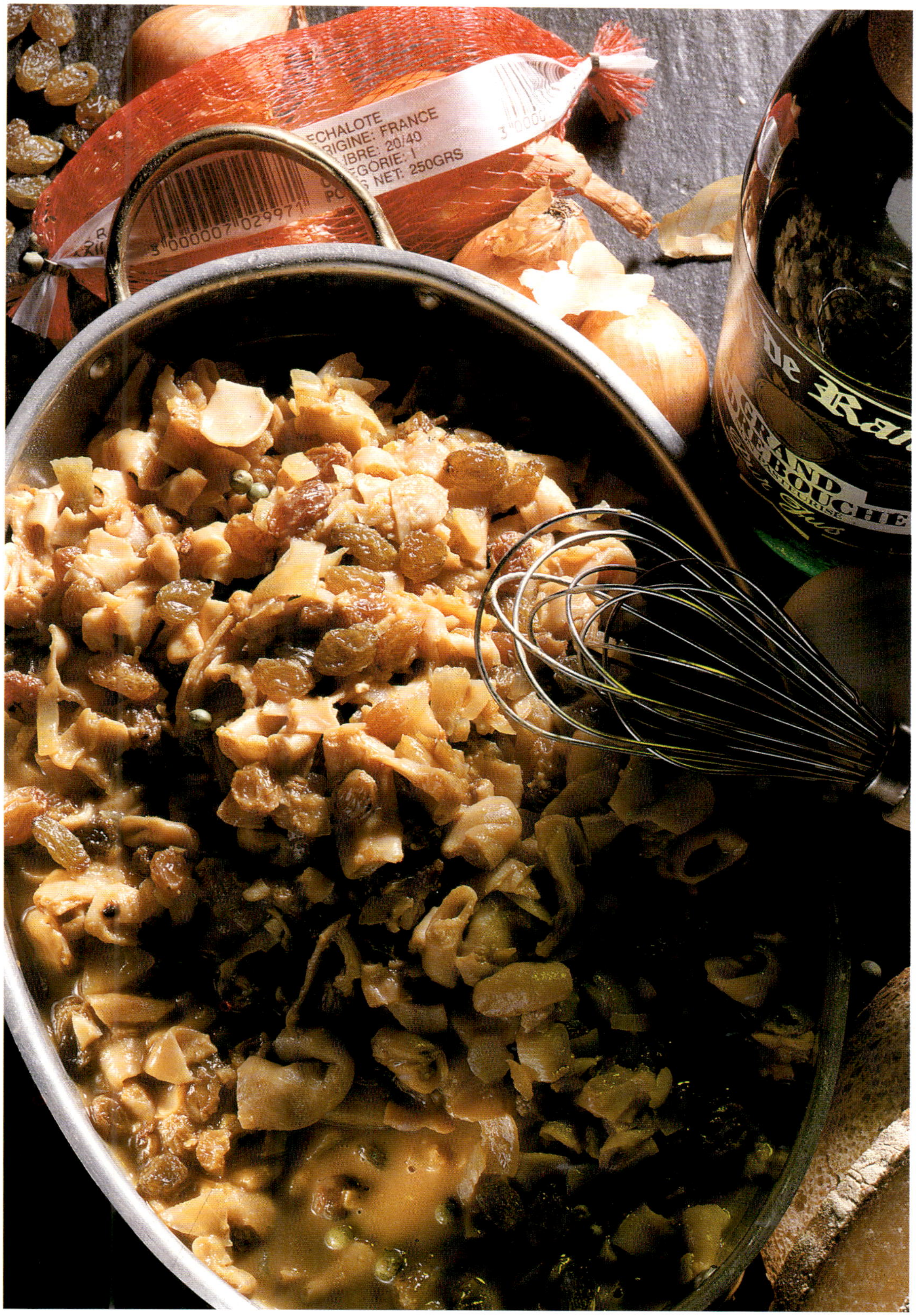
ECHALOTE
FRANCE

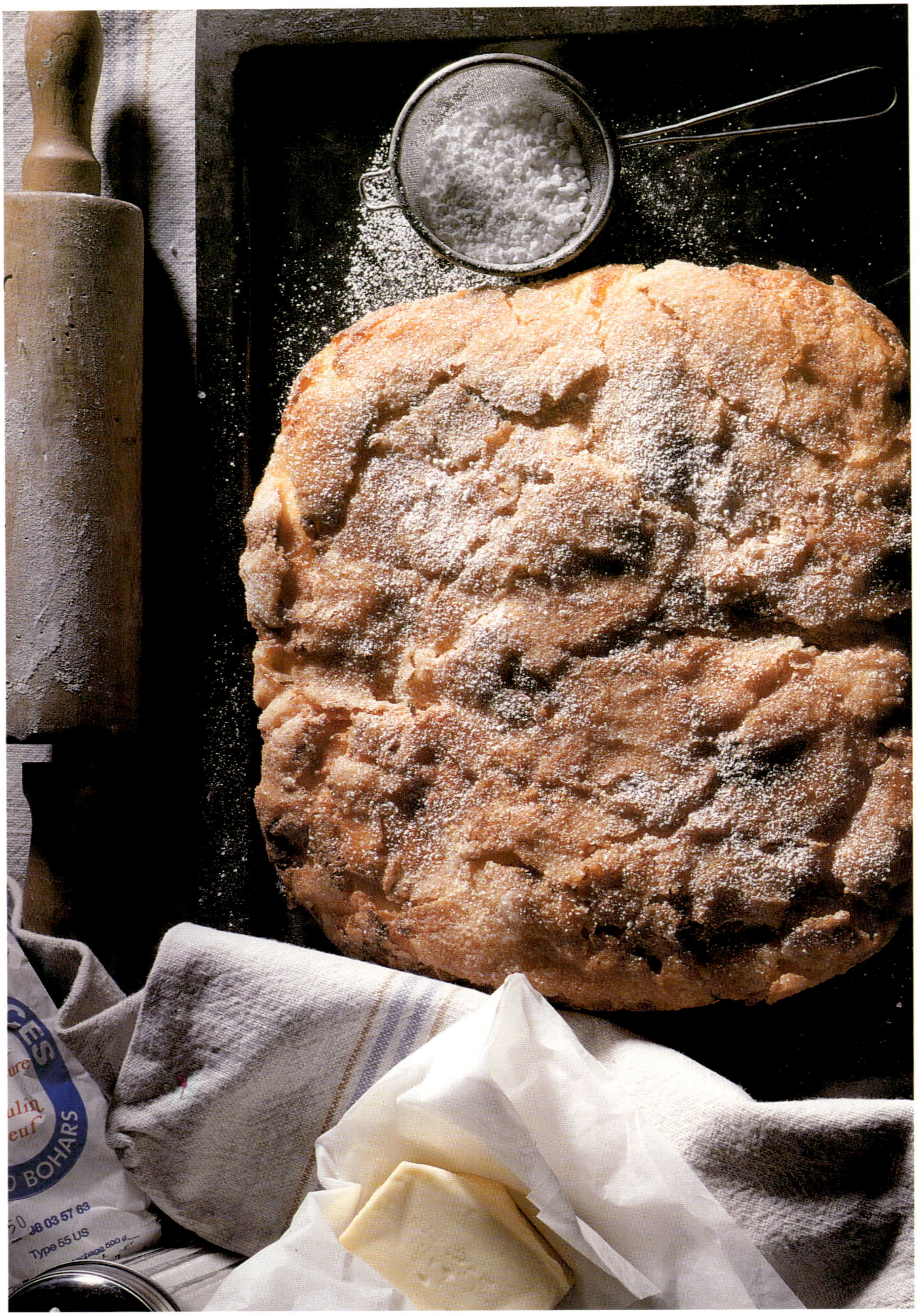
BOHARS
Type 55 US

Nimmt man auf dem Weg von Camaret zum Cap Sizun einen kleinen Umweg in Kauf, kann man das Städtchen Pleyben besuchen, vielmehr: Man besucht seinen berühmten calvaire. Von allen, die ich in der Bretagne sah, ist er der mächtigste, und der berühmtesten und schönsten einer.

In den engen Gassen von Pleyben finden sich viele Bäckereien. Der frischgebackene *Kuign Amann*, eine Art Blätterteigkuchen aus Hefeteig, duftet verführerisch. Das Rezept für diesen »wahren und besten *Kuign Amann*« stammt vom Bäcker Scordia aus Douarnenez, der ihn gegen Ende des vorigen Jahrhunderts kreierte. Inzwischen haben viele nachfolgende Bäckergenerationen das Rezept variiert. »Zugegeben,« sagt die freundliche Bäckersfrau in Pleyben, »dies ist ein schwieriges Rezept, *une recette difficile!*« Aber der Aufwand lohnt die Mühe: Der *Kuign Amann* ist ein echter bretonischer Traum.

Kuign Amann

◁ Bretonischer Hefekuchen

Für 6 Personen:
300 g Mehl, 200 ml lauwarmes Wasser, 10 g Hefe,
1 Prise Salz, 250 g zimmerwarme Butter, 200 g feiner Zucker,
1 Eigelb, Puderzucker.

In einer großen Schüssel vermischt man das Mehl mit der im lauwarmen Wasser aufgelösten Hefe und dem Salz zu einem glatten Teig, legt diesen auf ein bemehltes Brett und läßt ihn unter einem Tuch 30 Minuten gehen. Danach drückt man den Teig zu einer flachen runden Form von etwa 30 cm Durchmesser und verteilt darauf die Hälfte der Butter in kleinen Flöckchen. Der äußere Teigrand wird dabei ausgespart. Dann streut man 70 Gramm Zucker über die mit den Butterflöckchen belegte Fläche. Der Teig wird wie ein Blätterteig viermal von außen nach innen eingefaltet, dabei werden die Teigränder fest zusammengedrückt. Man läßt den Teig 10 Minuten kühl stehen und wiederholt den gleichen Arbeitsgang: man drückt den Teig flach, belegt ihn zur Mitte hin mit Butterflöckchen, bestreut ihn mit Zucker, faltet ihn wieder viermal zusammen und kühlt noch einmal 10 Minuten. Danach gibt man dem Teig seine endgültige Form von etwa 30 cm Durchmesser und etwa 2 cm Dicke und legt ihn auf ein gebuttertes Backblech. Der Teig wird mit Eigelb bestrichen und mit dem restlichen Zucker bestreut. Dann backt man ihn im vorgeheizten Ofen auf mittlerer Schiene bei 180 bis 200 Grad C etwa 30 Minuten. Während des Backens heraustropfende Butter gibt man mit einem Löffel zurück auf den Kuchen. Der fertig gebackene Kuign Amann wird mit Puderzucker bestreut und noch lauwarm gegessen. Bon appétit für dieses Meisterwerk!

Viel einfacher ist dagegen die Zubereitung des *Far breton*, auch dies ein Rezept der Bäckersfrau aus Pleyben, und auch dies im Laufe der Jahre vielfach abgewandelt. Hier das Grundrezept:

Far breton

Bretonischer Flan

3 Eier, 100 g Zucker, 125 g Mehl,
1/2 l zimmerwarme Milch, 1 Prise Salz,
1 Tasse Rosinen, Butter für die Form,
1 bis 2 EL Zucker zum Bestreuen.

Man verrührt Eier, Zucker und Mehl in einer Schüssel und rührt dann langsam Milch, Salz und Rosinen darunter. Eine flache Backform wird mit Butter ausgestrichen und der Teig eingefüllt. Man heizt den Backofen etwa 15 Minuten auf stärkster Hitze vor und backt darin den Far bei 200 Grad C auf mittlerer Schiene etwa 30 Minuten. Der Kuchen wird mit Zucker bestreut und noch warm gegessen.

Aus Pleyben stammt auch das Rezept für den *Gateau breton*. Der gateau breton wird gern ganz ofenfrisch gegessen.

Gateau Breton
Bretonischer Kuchen

125 g gesalzene Butter,
125 g Zucker, 125 g Mehl, 2 Eier, 2 EL Rum-Rosinen,
1 1/2 EL feingehackte Orangenschale von unbehandelten Früchten,
2 bis 3 geschälte, in Spalten geschnittene Äpfel,
Butter für die Backform,
1 bis 2 EL Zucker zum Bestreuen.

Man verrührt Butter, Zucker, Mehl und Eier gründlich in einer Schüssel. Dann gibt man die Rum-Rosinen, Orangenschale und Apfelspalten unter den Teig und füllt ihn in eine flache gebutterte Backform.

Der Kuchen wird nach Belieben mit Zucker bestreut und im vorgeheizten Backofen bei 180 Grad C auf mittlerer Schiene ca. 45 Minuten gebacken.

*Auf schnellstem Weg gelangt der tägliche Fang in Guilvinec zum abendlichen criée. –
Frühmorgens herrscht noch Stille im Nachbarhafen Saint-Guénolé.*

In Douarnenez beginnt die Cornouaille, sie zieht sich hinunter bis nach Concarneau. Von weit kommen die Fischer hierher, um ihre Fänge in den riesigen Hallen beim großen *criée* zu versteigern.

Auch Le Guilvinec liegt an der Küste der Cornouaille. Zusammen mit den Nachbarhäfen St. Guénolé-Penmarc'h, Lesconil und Loctudy zählt Le Guilvinec zum viertgrößten Fischereihafen der Bretagne. Man betreibt Fischerei *artisanal*, das besagt, die Fischer arbeiten alleine auf eigenen Booten. Zweimal täglich laufen die *petits bateaux* zum Fang aus, die Rückkehr der Fangflotte am späten Nachmittag ist Höhepunkt des Tages und ein wahrer Touristenmagnet. Zuschauer von nah und fern drängen sich am Quai und begutachten hautnah das Entladen der heimgekehrten Schiffe. *Lotte, merlu, cabillaud, raie,* dazu Unmengen *langoustes* und *sardines* werden aus den Booten auf schnellstem Wege zum abendlichen *criée* transportiert, einem aufregenden Schauspiel für Augen und Ohren, zu dem jedermann freien Zutritt hat. In kürzester Zeit ist die Versteigerung der kostbaren Ware beendet, die verkauften Fische werden ohne Zeitverlust weitertransportiert zum Verbraucher.

Der liebenswürdige Ort Le Guilvinec mit seinen weißgetünchten Häusern und fröhlichen Vorgärten wird regiert vom Hafenbetrieb mit den riesigen »halles de marées«, den Frischfisch- und Konservenfabriken, *viviers* und Gefrieranlagen. Sehr männlich ist das Ambiente dieses Hafens, und doch: Hier in Guilvinec fährt die erste bretonische Fischersfrau zur See! Madame Le Corre hat inzwischen mehrere Gesinnungsgenossinnen, die – wie sie – mit eigenem Kutter zum Fang auslaufen; das war bis vor kurzem hier unvorstellbar.

Das einsame Hotel Iroise ist jedem Besucher des Cap du Raz wohlbekannt.

Am äußersten Punkt des Cap Sizun liegt die berühmte pointe du Raz, eine Million Touristen sollen jährlich hierherpilgern. Die weite baie des Trépassés bietet einsame Schönheit, und die kleine graue Kapelle Saint-They auf den Klippen über dem Meer paßt gut in diese ernste Landschaft; besser sicherlich als das riesige »Hotel La Baie«! Aber die Fischsuppe schmeckte handfest und erwärmte herrlich. Hier, am äußersten Ende Frankreichs, stürmt es beinahe zu jeder Jahreszeit, und die Nebel hängen oft tief über Felsen und Meer.

Draußen in der wilden See kämpft die winzige Ile de Sein täglich um ihr Überleben. Alte Berichte sagen, daß die Druiden ihre Toten auf der kleinen Insel begraben haben. Man kann zur Ile de Sein von Audierne aus mit schnellen Schiffen gelangen und steht dann auf den allerletzten Metern französischen Bodens – das nächste Festland gen Westen ist Amerika!

Das Städtchen Audierne bietet gastronomisches Ambiente: Im »Hotel du Goyen« am Hafen kocht der bekannte Adolphe Bosser bretonische Sterneküche. Während ich im eleganten Restaurant eine *cotriade* aß, konnte ich eine Besuchergruppe beobachten, der die Spezialität des Hauses serviert wurde: *Civet de homard du Goyen,* ein Hummerragout. Man erklärte mir gern das Rezept: Die in Butter gebratenen Hummerscheiben werden auf dreieckigen croûtons mit *navets blancs,* den kleinen weißen Rübchen, und geschmorten Jakobsmuscheln angerichtet, darüber wird *crème de beurre* gegeben, eine Variante der bretonischen Buttersoße – ein Augenschmaus für mich, Gaumenfreude für die Reisegruppe! Aber auch die Bosser'sche *cotriade* war eine meisterhafte Schöpfung. Das Besondere an dieser bretonischen

Beim »Circle du troisième age« treffen sich die alten Frauen von Pont l'Abbé, geschmückt mit der hohen coiffe bigoudène, *zum Kartenspielen und Erzählen.*

Fischsuppe ist, daß man zuerst die Brühe mit croûtons und danach separat die in dieser Brühe gegarten Fische und Muscheln genießt. Der weite Blick über den Hafen von Audierne macht den Besuch im Hotel Goyen zu einem echten Rundumgenuß.

Gerühmt wird Audierne auch für seine grands *viviers,* riesige überdachte Frischwasserbecken. Hier kann jeder Besucher *crabes, tourteaux, homards* und *langoustes* lebend und fangfrisch zum aktuellen Marktpreis einkaufen.

Mit etwas Glück sieht man im pays bigouden und seiner Hauptstadt Pont l'Abbé noch ältere Frauen in der Landestracht, vielleicht sogar im Schmuck der *coiffe,* der tonnenförmigen und reich bestickten Haube, die bis zu 80 Zentimeter hoch sein kann! Alte bretonische Trachten kann man im Museum bewundern und sich an herrlichen Renaissancemöbeln erfreuen. Außer den schönen Kirchen sollte man in Pont l'Abbé auch die guterhaltene Jugendstil-Markthalle aufsuchen. Im späten Frühjahr wird hier der erste Spargel angeboten, der im milden Klima des Süd-Finistère besonders gut gedeiht. Auch die ersten Möhren der Saison stammen aus der Umgegend, genau wie die leuchtendroten und gelben Tulpen, die auf dem Markt angeboten werden – die blühenden Tulpenfelder in der Umgebung von Penmarc'h sind eine touristische Attraktion.

Möhren spielen in der bretonischen Küche eine wichtige Rolle, in jeder *charcuterie* gibt es den rohen Möhrensalat, einen Standardsalat aus geraffelten Möhren, mit klassischer Vinaigrette angemacht.

*In Tronoën, auf dem Weg von Audierne nach Penmarc'h kann man den ältesten calvaire der Bretagne bewundern, er stammt aus dem 15. Jahrhundert.
Altes Weihwasserbecken an der chapelle Folgoat im Wald von Le Faou.
Am Strand von Le Ster bei Guilvinec – ein bretonischer Märchenhimmel.* ▷

Die traditionelle Beilage zu Fleischgerichten, das *purée bretonne,* Möhrenpüree, ist ein altes Bauernrezept aus dem *breizh:* Man benötigt hierzu 1 Kilo Möhren, 2 bis 3 Kartoffeln, 1 Eßlöffel Butter, etwas Milch, Salz und Pfeffer zum Würzen. Die Möhren und Kartoffeln werden gewürfelt und in Salzwasser gargekocht, abgeseiht und püriert, dann werden Butter und Milch dazugegeben und das Püree abgeschmeckt: Einfach – aber gut! Ich habe das Rezept in mein häusliches Repertoire aufgenommen.

Von Pont l'Abbé ist es nur einen Katzensprung nach Quimper. Tip für Gourmets: Das »Musée de la Crêpe« in Quimper-Plomelin! Die Firma Alizé, Hersteller der berühmten *crêpes dentelles,* präsentiert hier eine liebevoll zusammengestellte Sammlung von allem, was mit der Geschichte der *crêpes bretons* zusammenhängt. Schaubilder alter Gerätschaften, historische Fotos – es macht Spaß, das kleine Museum zu durchwandern, und zur Erinnerung kann man sich die delikaten *crêpes dentelles* mitnehmen. Madame Cornic erfand 1886 dies feine Gebäck, indem sie die hauchdünn gebackenen *crêpes* um ein Messer herumwickelte. Einfach aber wirkungsvoll – wie vieles in der Bretagne.

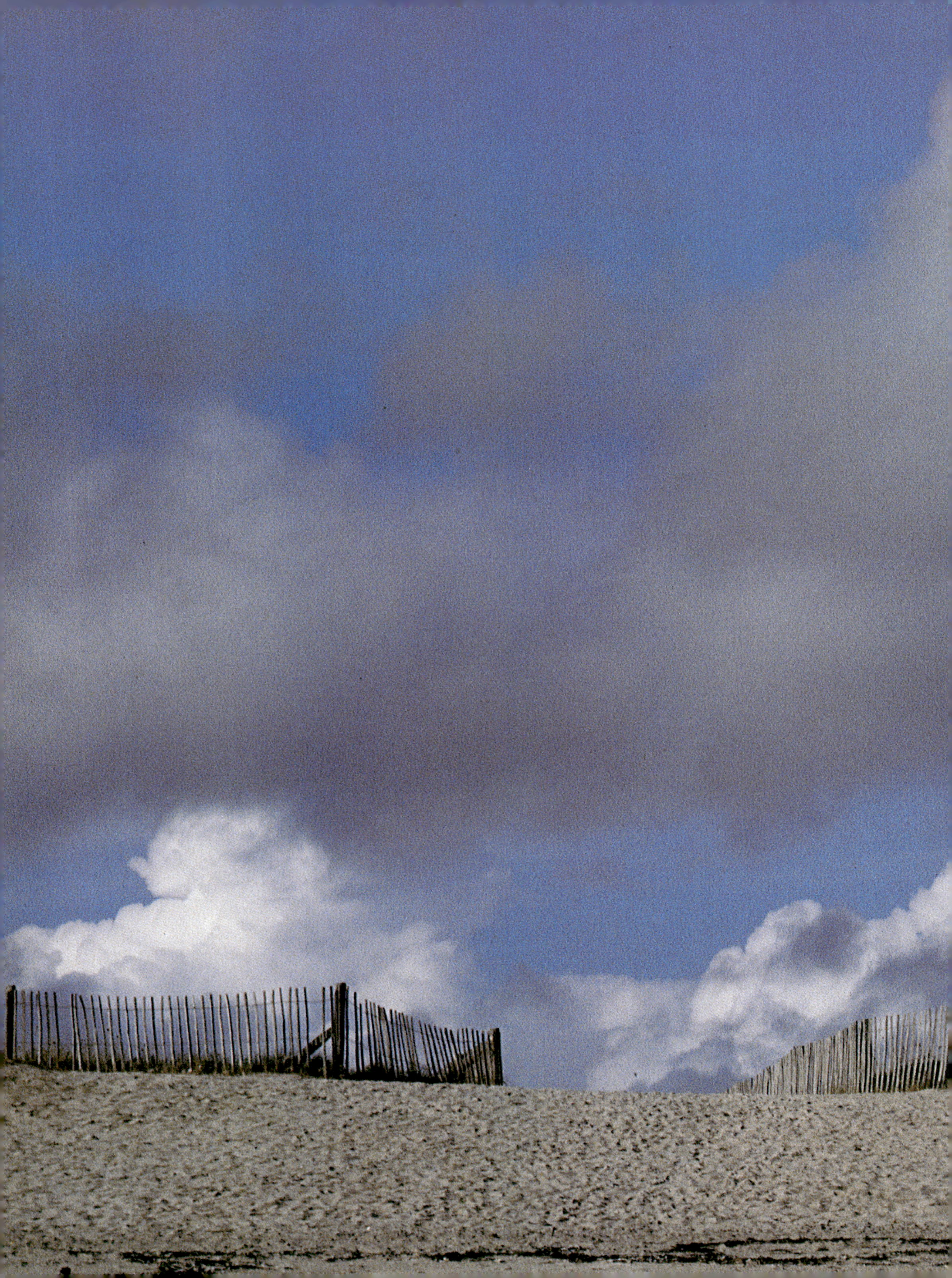

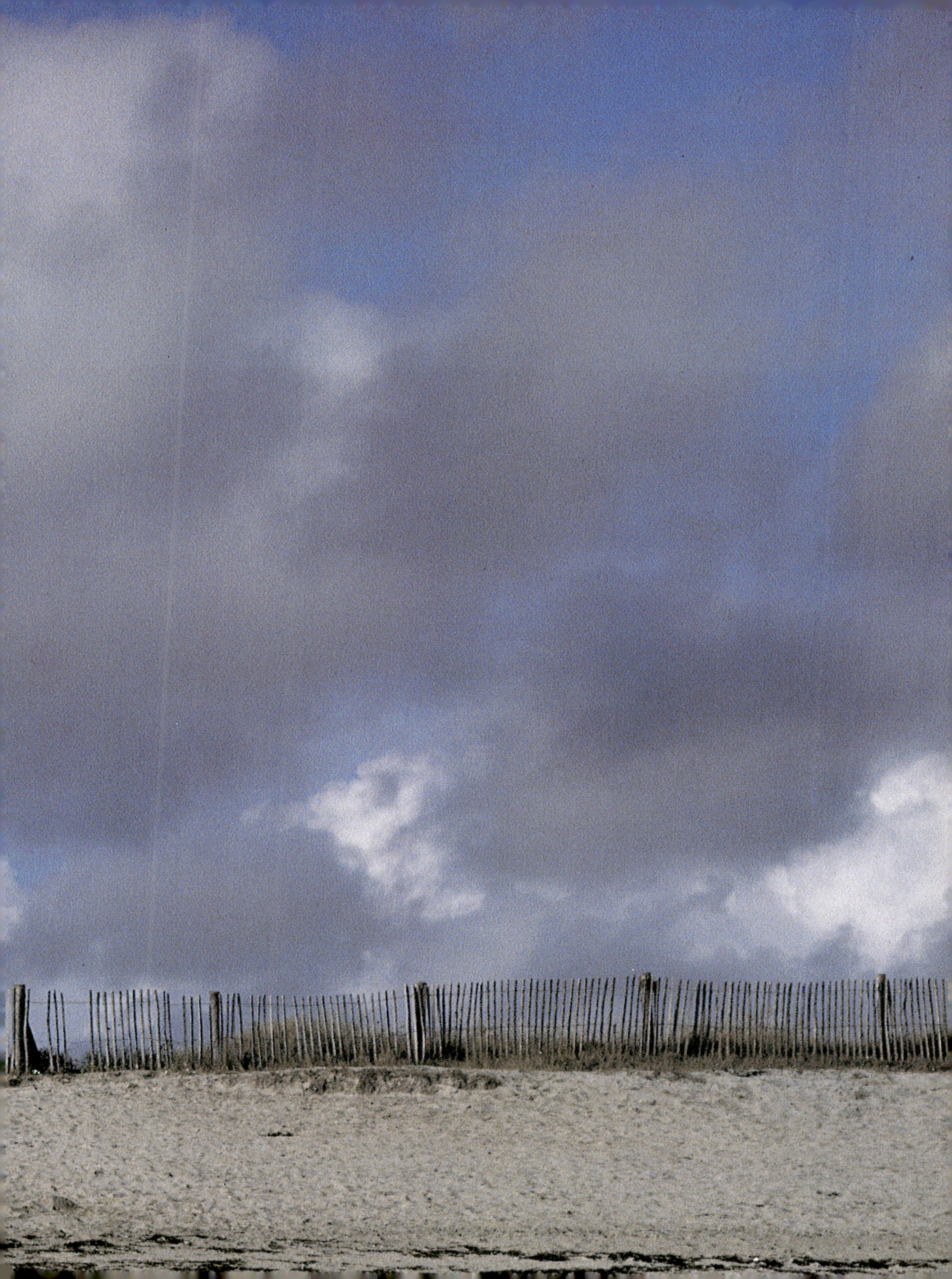

CRÊPES À DENTELLES
LES DÉLICIEUSES
QUIMPER (FRANCE)
PARIS 1910
7 FORMATS DE BOITES

◁ Im »Musée de Crêpes« gibt es viel Sehenswertes. –
Malerisch ist die Altstadt von Quimper.

Die Altstadt von Quimper wird geprägt von der Odet und ihren zahlreichen großen und kleinen Brücken. Direkt neben der Kathedrale St. Corentin, einer wunderschönen gotischen Kirche, kann man im »Musée Departemental Breton« eine Ausstellung alter Trachten, gut erhaltener Möbel der Region und natürlich eine Sammlung der berühmten Fayencen besichtigen. Ein Spaziergang am Odetufer entlang führt zur Manufaktur Henriot, hier kann man den fleißigen Malerinnen bei der Arbeit zuschauen und Kostbarkeiten entdecken. Nebenan im Verkaufsraum läßt sich vielleicht sogar ein Schnäppchen machen, denn hier wird auch 2. Wahl verkauft: Die Quimper-Faïence ist nicht nur kostbar, sondern auch kostspielig! Zwei Straßen weiter kann man in den schönen Räumen des »Faïence-Museums Verlingue« die historische Entwicklung der Quimper-Fayencen verfolgen; und wer noch mehr Kunstgenuß sucht, dem steht das 1993 wiedereröffnete renovierte »Musée des Beaux-Arts« offen mit alten und neuen Meisterwerken, einer brillanten Werkschau der Schule von Pont-Aven und einem eigenen Saal mit Bildern des berühmten Malers Max Jacob, Bürger von Quimper.

Über aller Kunst sollte man aber auch hier keinesfalls den Besuch der 1979 neuerbauten Markthalle versäumen! Zu verfehlen ist sie nicht, das weit ausladende Dach ist unübersehbar. Drinnen ist man gut aufgehoben zwischen *crêpes,* Würsten, feinen Gemüsen und Salaten, Blumen, Fisch und Fleisch, *crustacés,* Muscheln und Schnecken – mühelos läßt sich ein üppiger Wocheneinkauf bewerkstelligen.

Concarneau gilt als drittgrößter französischer Fischereihafen und ist mit 100 000 Tonnen Thunfisch jährlich Frankreichs bedeutendster Thunfischlieferant. »Konk-Kerné« ist aber auch eine zauberhaft schöne Stadt, eine der meistbesuchten des Landes! Wie eine Festung liegt die Altstadt auf dem Felsen über dem Meer, erreichbar nur über eine schmale Brücke. Im reich ausgestatteten »Musée de la pêche« findet man alles Wissenswerte über die Fischerei, alte und neue Fangmethoden, und sieht gut erhaltene alte Fischerboote.

In den schmalen Häuschen der ville close haben sich elegante Geschäfte etabliert, viele Confiserien mit den berühmten Keksen aus Pont-Aven und anderen Köstlichkeiten, auch die Gastronomie ist zahlreich vertreten. Klassisches Rezept Concarneaus ist natürlich ein Thunfischrezept!

Thon à la concarnoise

Thunfisch nach Art von Concarneau

Für 2 Personen:
1 Scheibe Thunfisch, etwa 500 g, 2 Gläser Muscadet,
1 Tasse Fleischbrühe, Salz, Pfeffer aus der Mühle,
250 g in feine Streifen geschnittene Möhren,
1 kg ausgepalte Erbsen, 1 EL gesalzene Butter, 1 Tasse Reis,
gesalzene Butter zum Anrösten.

Der Thunfisch wird mit dem Wein und der Fleischbrühe etwa 35 Minuten gedünstet, danach entfernt man die Haut und würzt den Fisch mit Salz und Pfeffer. Der Reis wird in Butter angeröstet und zugedeckt in 20 Minuten weichgekocht, nach Belieben mit etwas Salz gewürzt. Möhren und Erbsen werden in Butter angeschmort und in etwa 10 Minuten bei sachter Hitze gegart. Thunfisch, Gemüse und Reis werden auf einer vorgewärmten Platte angerichtet.

Dies ist das originale, alte Thunfischrezept aus Concarneau! Die bretonische Küche kennt inzwischen viele Varianten.

Man kann hier in den Wallanlagen von Concarneau delikate Fischgerichte probieren, die bretonische *cotriade*, oder, wenn man es süß liebt, die herrlich altmodischen Butterkuchen. Der Besuch der Altstadt empfiehlt sich aber nach Möglichkeit in den frühen Vormittagsstunden, später herrscht in den engen Gassen Hochbetrieb – nur am Mont Saint-Michel habe ich ähnlichen Besucherandrang erlebt!

*3500 Tonnen tiefgekühlter Thunfisch
werden aus dem riesigen Kühlschiff entladen und in die Konservenfabriken Concarneaus
transportiert.*

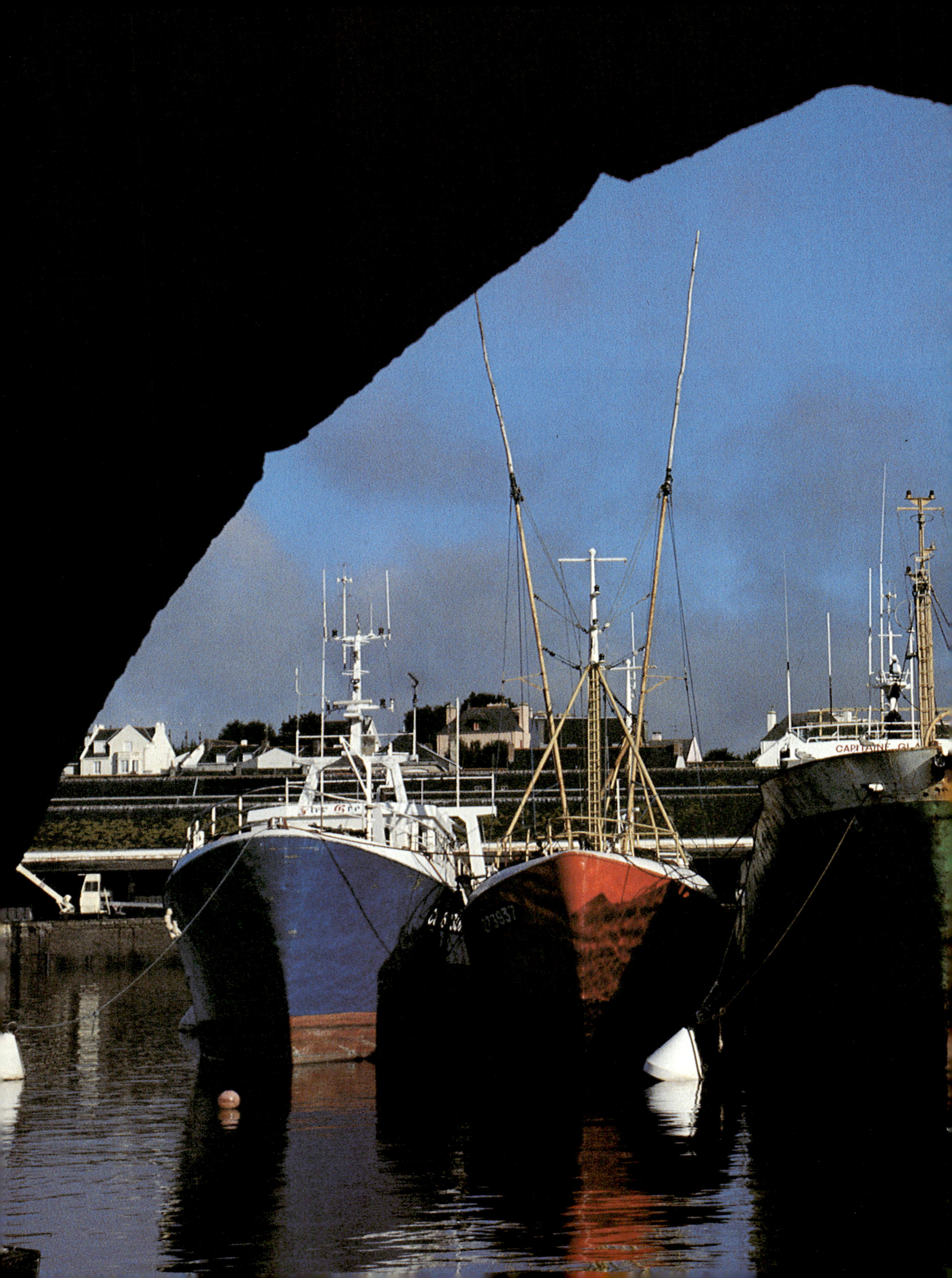
CAPITAINE

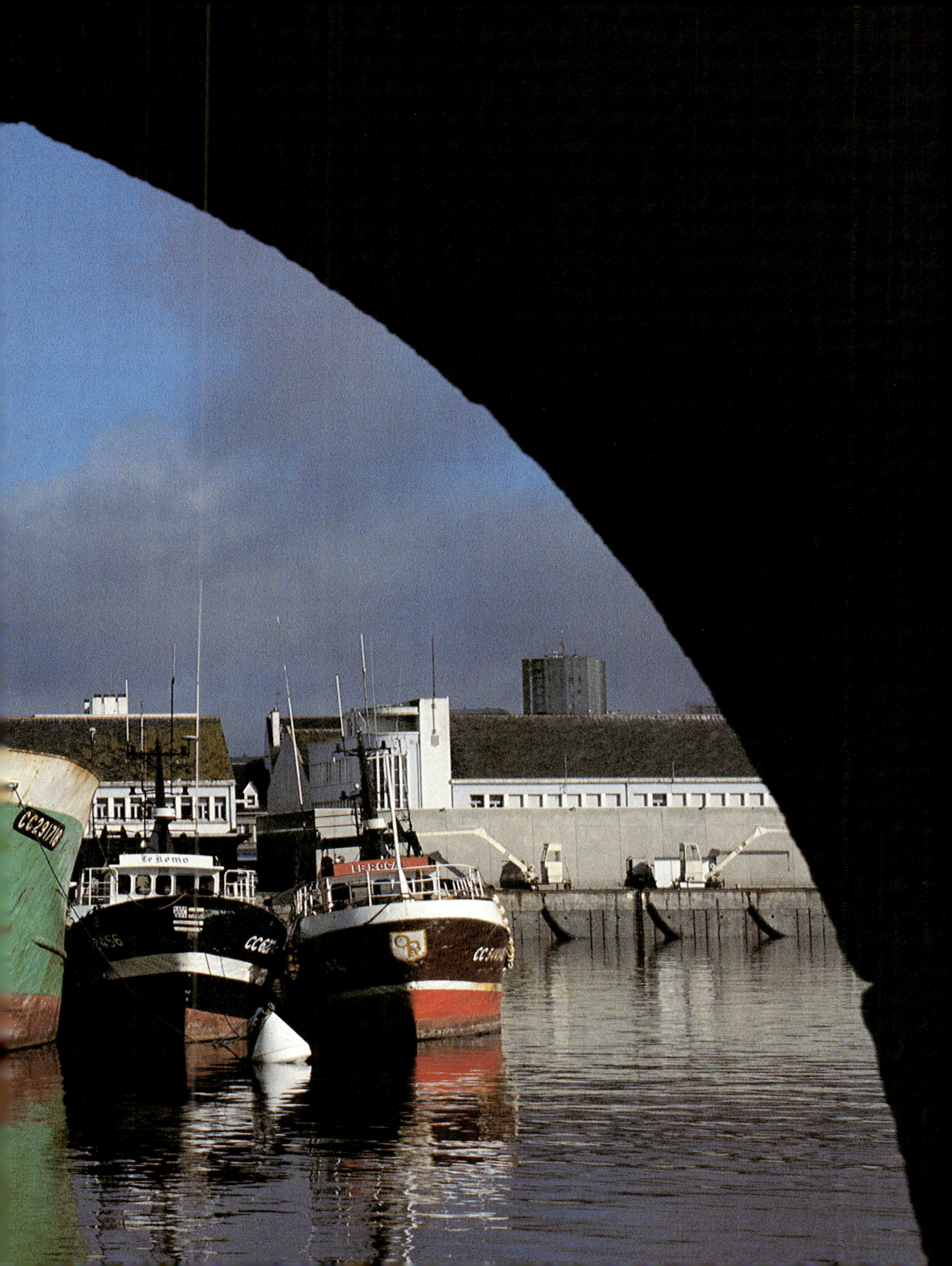
Le Nemo

◁ *Museumsstücke hinter dem Musée de la pêche in Concarneau. –
Allerfeinste Fischkonserven bietet die Firma La Belle Iloise, mit Filialen in vielen Teilen
der Bretagne.*

Gegenüber der ville close schlägt das merkantile Herz der Stadt, hier liegen die weitläufigen Fischereihäfen mit ihren Hallen, Kühlhäusern, den zahllosen Unternehmen der fischverarbeitenden Industrie. Thunfisch ist die Nummer Eins: Ich konnte ein elegantes, strahlendweißes Kühlschiff bewundern, aus dessen Bauch gerade 3500 Tonnen des großen *thon albacore* (weißer Thun), tiefgefroren, entladen wurden, Fangort: Indischer Ozean.

Die Fänge werden zum großen Teil zu Konserven verarbeitet – bretonische Fischkonserven sind namhaft! Besonders delikat: Die eingedosten Sardinen, die unzerteilt mit ihrer Haut in Olivenöl eingelegt werden, bedeckt von hauchdünnen Zitronenscheiben, und die, eine Seltenheit, mit den Jahren an Wohlgeschmack gewinnen, was sich deutlich am Preis manifestiert: Die kleinen Dosen müssen regelmäßig während ihrer Lagerung gewendet werden – die Produktion ist arbeitsintensiv und daher teuer.

Eine besonders gute Mahlzeit gab es mittags in der ville close: Thunfisch-Pastete, dazu dunkles Brot und bretonische Butter, zusammen mit dem Glas Gros Plant ein Hochgenuß! Der Gros Plant wird wie der Muscadet an den Hängen der Loire bei Nantes angebaut, auch er ist ein trockener, noch säurereicher Weißwein, auch er paßt besonders gut zu Fisch und allen Schal- und Krustentieren.

Pâté du Thon

Thunfischpastete

*400 g Thunfischfilet, 250 g durchwachsener Speck,
1 EL gehackte Kräuter, z. B. Petersilie, Kerbel, Estragon,
1 kleines Gläschen Lambig, Pfeffer,
wenig Salz, da der Speck schon salzig ist,
Butter für die Form
3 bis 4 dünne Scheiben fetter Speck.*

Thunfisch und Speck werden grob gehackt. Dann gibt man die Kräuter und das Gläschen Lambig dazu und würzt mit Pfeffer und wenig Salz. Man füllt die Masse in eine gebutterte Terrine und deckt die Oberfläche mit den Speckscheiben ab.

Die Pastete wird im vorgeheizten Ofen bei 180 Grad C im Wasserbad 50 bis 60 Minuten gegart. Während des Auskühlens beschwert man die Oberfläche mit einem Brett.

Dieses riesige Fangschiff ist schon seit vielen Jahren ausgemustert.

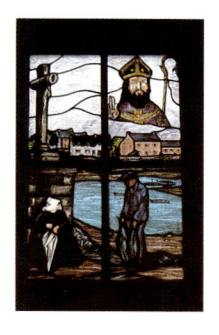

IM SÜDWESTEN

L'huître plat,

Gauguin,

die Straße der Menhire

Am Ende der Cornouaille, von Kennern als das schönste Küstenstück des Finistère gerühmt, beginnt hinter Concarneau das Morbihan. Hier winken dem Bretagnefahrer zwei wichtige Reiseziele. Das eine ist bedeutend für den Kunstfreund: Gauguin's Pont-Aven; das andere für den reisenden Gourmet: Das Städtchen Belon mit dem Hafen Riec-sur-Belon. Bietet das liebenswürdige Pont-Aven eine Vielfalt künstlerischer Anregungen – selbst die beliebten *biscuits bretons* haben hier künstlerische Verpackungen, auf jeder Dose leuchtet eines der bekannten Gauguin-Motive, – so hat der reisende Gourmet, den es nach Belon zieht, nur ein Ziel: Im Hafen von Riec-sur-Belon bei Jacky die berühmte Belon-Auster, *l'huître plat,* zu schlürfen! »Chez Jacky« ist erstklassige – und einzige! – Adresse im Hafen für delikate *crustacés*-Zubereitungen, Frischfisch-Delikatessen und eben für die first-class *huître belon*.

Diese Belon ist meine Auster! Sie schmeckt einzigartig. Kenner raten, sie nicht zu schlürfen, schon gar nicht mit Zitrone; nein, pur soll sie genossen werden und ganz

Austern-Mekka: Riec-sur-Belon! Hier kann man die berühmte huître plat aus erster Hand genießen.

lange gekaut, erst dann entfalten sich die nußartigen Aromastoffe, für die diese Austernart berühmt ist. Jacky kredenzt zu dieser first-class-Auster auch den besten Muscadet – 3 Sterne von mir für sie!

Das Restaurant besitzt eigene Austernparks hinter dem Haus und auch eine *vente directe* – Ladenverkauf. Die besondere Lage der Austernzuchtparks von Riec-sur-Belon bedingt den Wohlgeschmack dieser – für mich – besten Auster der Welt: Vier Kilometer weit ziehen sie sich von der Mündung des Belon an dessen Ufern landeinwärts, und die bestimmte Mischung von Süßwasser und – bei *marée haute* – einflutendem Meerwasser ergibt den unverwechselbaren *goût*. Die Bezeichnung Belon dient heute zur Klassifizierung aller flachen Austern in ganz Frankreich – also Vorsicht: Nicht jede Belonauster ist auch wirklich eine echte *huître belon!*

Lorient ist nicht allein der wichtigste Fischereihafen der südlichen Bretagne, sondern auch ein bedeutender französischer Marinestützpunkt. Die berühmte Ostindische Gesellschaft, auf Anraten des Ministers Colbert von Louis XIV ins Leben gerufen, brachte der Stadt seit dem 17. Jahrhundert Glanz und Ruhm. »La Compagnie des Indes« machte Lorient und das ihm gegenüberliegende Port-Louis zu einem bedeutenden Handelsplatz für Waren aus dem Orient.

Als man am Anfang des 19. Jahrhunderts lernt, Fische in Öl zu konservieren, entwickelt sich auch die Fischerei in Lorient zu einem blühenden Wirtschaftsunternehmen. Am Blavetufer bei Hennebont baut man um 1860 riesige Fabriken, die Weißblech liefern für die Dosen der bretonischen Fischkonserven. Heute kann man am Ufer der Blavetmündung in Port-Louis in der berühmten Citadelle das »Musée de la

Die pêcheurs à pied sind am Strand von Port-Louis fleißig bei der Arbeit.

Compagnie des Indes« mit seinen immensen Schätzen besuchen, alleine die Sammlung chinesischen Porzellans begeistert jeden. Hier im Museum wird auch die Herkunft des Wortes Porzellan erklärt: Porcelana ist der portugiesische Name einer Muschel im Indischen Ozean! Das berühmte »bleu et blanc de Chine«, das – zusammen mit anderen Luxusgütern wie Gewürzen und Seide – von den Schiffen der Ostindischen Gesellschaft nach Lorient mitgebracht wurde, war auch begehrtes Vorbild für die französischen Manufakturen in Sèvres und Limoges.

Die mittelalterlichen Wallanlagen von Port-Louis ziehen sich weit an der Küste entlang; schmale Pforten gewähren Durchlaß zu kilometerlangen Sandstränden. Bei Ebbe sammeln hier fleißige *pêcheurs à pied* ihre Abendmahlzeit aus dem Watt: Schnecken, Krabben und vor allem die begehrten *palourdes,* Teppichmuscheln. Eine charmante junge Französin hatte ihren großen Eimer schon halb gefüllt, die Sammelei sieht einfacher aus als sie ist: Man hackt jede Muschel mit Geduld und Kraft aus dem tiefen Schlick heraus! Marguerite, die fleißige Sammlerin, lud mich zu einer Kostprobe zu sich nach Hause ein. Sie wusch die Muscheln gründlich, öffnete sie durch kurzes Aufschütteln in der heißen Pfanne, warf die leeren Muschelhälften fort, gab auf die vollen je einen Klecks Schneckenbutter, schob die so vorbereiteten Muscheln kurz unter den Grill, und – voilà! Bon appétit! Es war die schnellste aller Muschelzubereitungen, die ich miterlebt habe, und eine schmackhafte dazu.

Außer den begehrten *palourdes* ernten die Sammler am Strand auch die *bigorneaux,* kleine Strandschnecken, die man einfach und delikat zubereiten kann zu einem feinen Toast:

Austernaufzucht ist heute Haupterwerb der Inselbewohner von Saint-Cado.

Nach gründlichem Waschen läßt man die Schnecken 6 bis 8 Minuten in kochendem Salzwasser garen, dann abtropfen und abkühlen. Mit einer kurzen Gabel, der *pique à bigorneaux,* lassen sich die gegarten Schnecken aus ihrem Gehäuse holen. Man halbiert ein kleines Baguette, buttert beide Hälften und belegt sie mit den ausgelösten Schneckchen. Je nach Laune kann man dann pure Butterflöckchen oder etwas Knoblauchbutter darübergeben und überbackt den Toast kurz unter dem Grill.

Faszinierend ist die südlich von Lorient gelegene rivière d'Etel, ein weites, zerklüftetes Binnenmeer. Tip für Romantiker: Die Ile de Saint-Cado! Diese Miniaturinsel des Heiligen Cado ist nur zu Fuß über eine alte Steinbrücke zu erreichen. Die wenigen Schritte lohnen: Mir schien, als begrüße mich hier die ursprüngliche Bretagne! Malerische alte Fischerhäuser umringen eine kleine romanische Kirche, sie ist dem Heiligen Cado geweiht, der von der Taubheit heilen kann. Jedes Jahr im September wird ihm zu Ehren auf der Insel ein *pardon* gefeiert. Als ich wenige Tage vor dem großen Ereignis auf der Insel war, putzten und wischten alle Frauen des Dorfs gemeinsam ihre kleine Kirche auf Hochglanz und sangen und lachten dabei – ein schönes Erlebnis. Auch die Ile de Saint-Cado ist eingebettet in zahlreiche Austernparks, Besucher schätzen die *huîtres de Saint-Cado.*

Die allignements von Carnac beeindrucken, sind aber auch starke touristische Anziehungspunkte. –
Ruhiger geht es da schon an manchen versteckten Küstenplätzen zu.
Ursprüngliche Bretagne: Die Ile de Saint-Cado. ▷

Hinter der Bucht von Etel beginnt das Land der Menhire. Carnac ist nicht mehr weit und mit ihm diese Reihungen von Riesensteinen, die der Welt soviele Rätsel aufgeben. Sind es Zeugen alter Kultformen, Überreste astronomischer Rechenmaschinen, versteinerte Soldaten? Es gibt viele Deutungen für die jahrtausendealten Dolmen und Menhire. Hier in Carnac, spätestens, kommt der Bretagnebesucher ins Träumen: Welch reiches Land ist dieses einst so arme *breizh!* Reich an unzähligen Zeugnissen alter Kulturen, reich an herrlichen Kirchen, an unvergeßlichen *calvaires*, an mächtigen Schlössern und eleganten Korsarensitzen! Nicht zu zählen sind die beeindruckenden Kreuze an Straßen und Wegen, die kleinen Kapellen. Und hier in Carnac – spätestens hier – kommt Verständnis auf für dies starke bretonische Heimatgefühl, dieses: C'est la Bretagne – c'est pas la France!

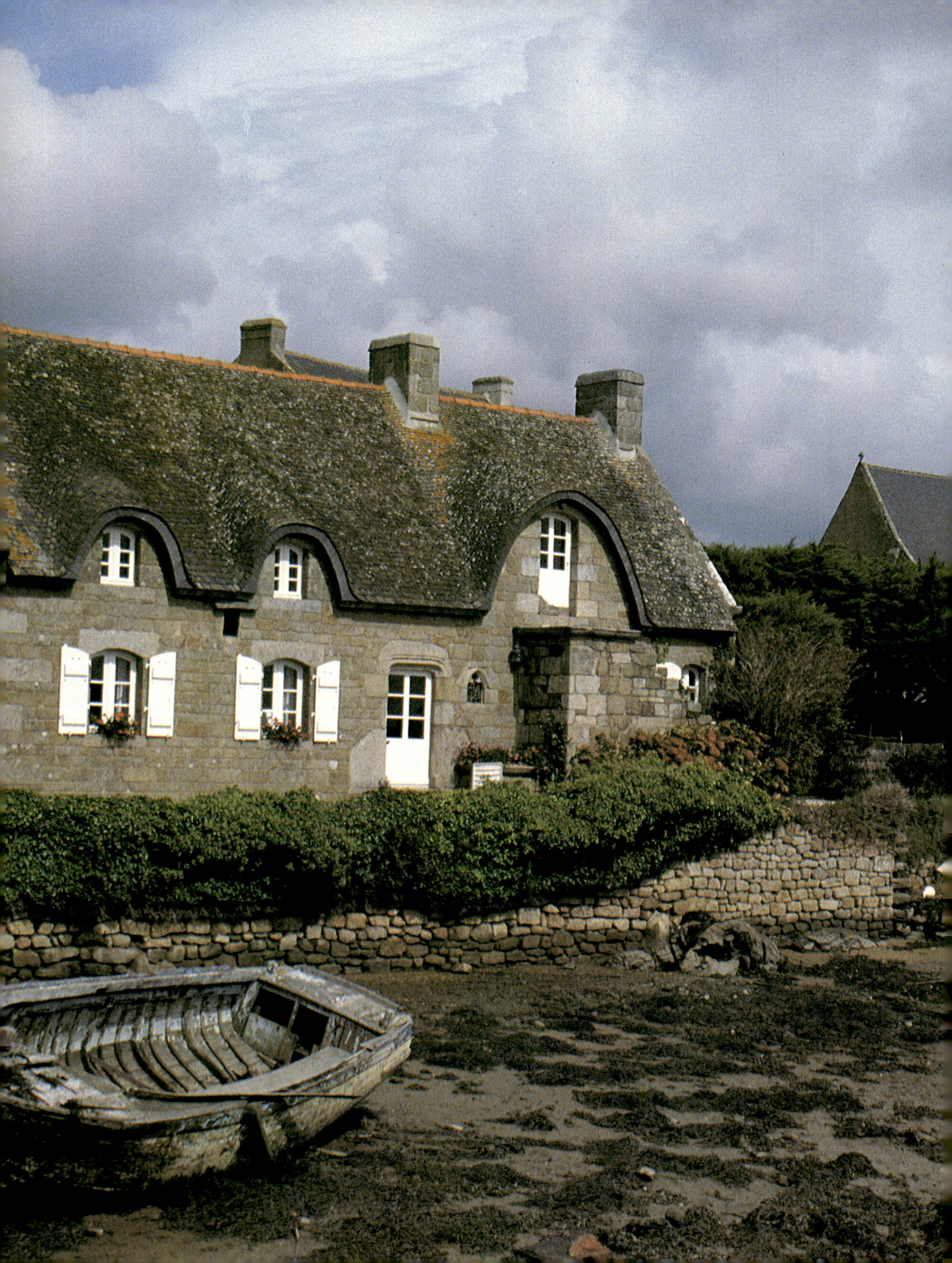

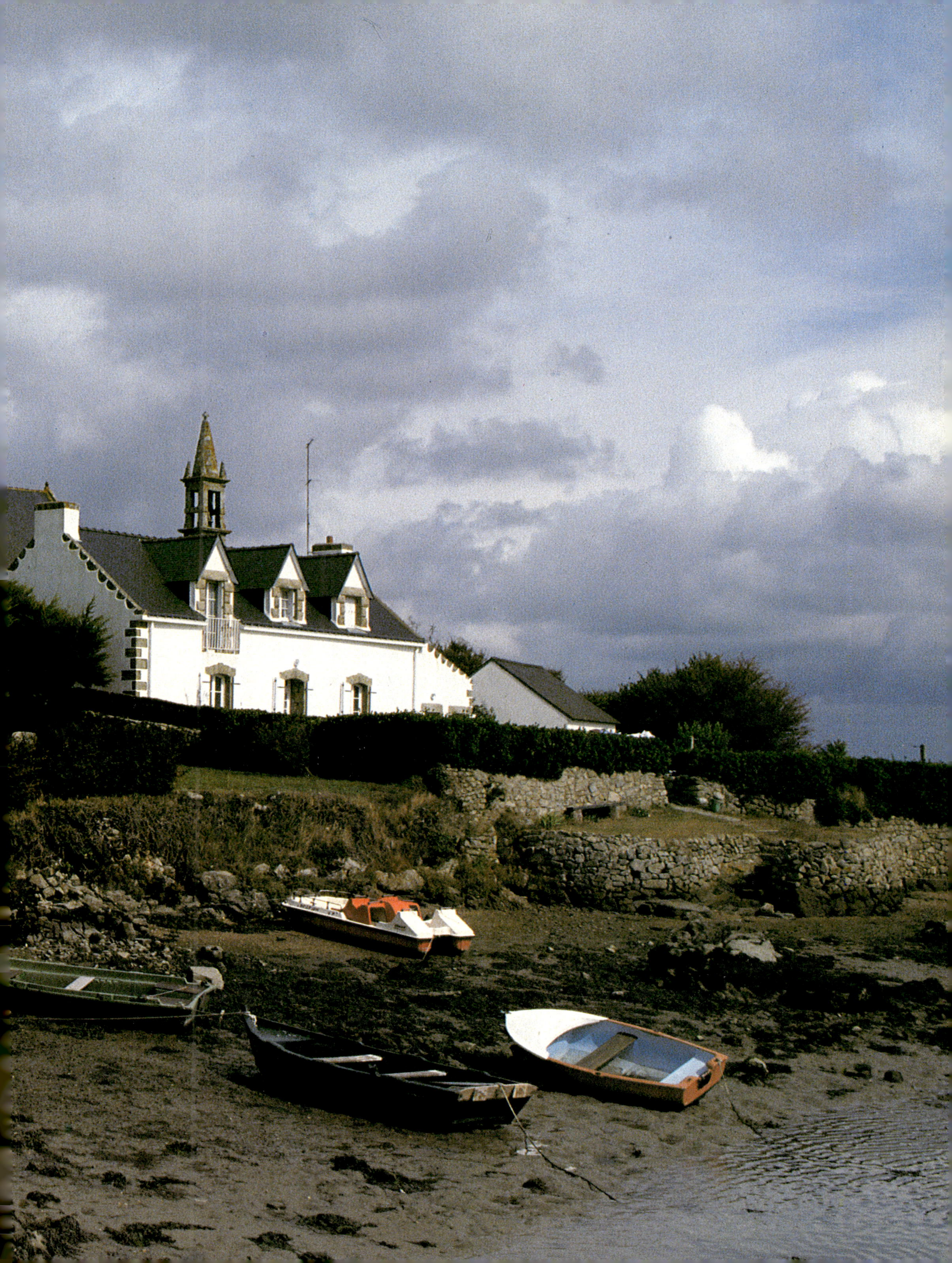

Aus allen Fenstern des alten Häuschens in Kervalet schauen Puppen heraus.

IM SÜDEN

Côte d'amour,

sel gris

und gute Küche

Für den Süden der bretonischen Atlantikküste steht ein Markenzeichen: La Baule. Hier findet man die höchsten Hotelpaläste, einen kilometerlangen Sandstrand der Superlative, und im Hinterland dieser berühmten *station balnéaire* liegen die bekannten Salzgärten von Guérande. Parallel zur Küste, die hier Côte d'amour heißt, ziehen sich zahllose große und kleine Wasserbecken hin, an denen noch heute wie in alter Zeit die *paludiers* – Salzbauern – ihrer harten Arbeit der natürlichen Salzgewinnung nachgehen. Bei meinem Besuch im September warteten haushohe graue Salzberge auf ihren Abtransport. In Saillé, einem alten Salzbauerndorf, kann man sich im »Maison des paludiers« alle Einzelheiten dieses komplizierten Handwerks erklären lassen. Die Dorfbewohner haben Tische vor ihre kleinen Häuser gestellt, auf denen sie die Landesprodukte anbieten: Grobes und feines Salz: *Sel gris* und *fleur de sel de Guérande*, marinierte Salzkräuter: Les *salicornes;* in Salz eingelegte Minisardinen, gebündelte graue Schalotten und kunstvoll geflochtene Stränge von Knoblauchzwiebeln.

*Bei Madame Dinelli kann man außer frischen Eiern und Geflügel
vom Bauern auch schöne Trockenblumen kaufen.*

Im Magazin »terroir et sel« in Saillé gibt es nicht nur das Landesprodukt *sel gris* zu kaufen, sondern auch frisches Geflügel der Region. Madame Dinelli verriet mir eines ihrer Lieblingsrezepte – ein wirklich urbretonisches Rezept: La pintade aux pommes et au cidre, Perlhuhn mit Äpfeln und Apfelwein. Hierfür teilt man zwei Äpfel in Viertel, hackt eine Zwiebel und einige Petersilienstengel und vermischt dies mit Salz, Pfeffer, ein paar abgezupften Thymianblättern und einem Eßlöffel Crème fraîche. Dann gibt man diese Füllung in das Perlhuhn, legt es in einen Schmortopf, übergießt es mit einem Glas herbem Apfelwein, cidre brut, setzt ein paar Butterflöckchen darauf und läßt es bei 180 Grad C etwa 1 1/2 Stunden garen.

Zwei Straßen weiter, gleich neben dem »Maison des paludiers«, empfiehlt der Wirt der »Causerie« mir das bœuf à la ficelle, ich habe es probiert und war begeistert!

Filet de bœuf à la ficelle

Pochiertes Rinderfilet

*2 EL sel gris, Pfeffer aus der Mühle, 3 Karotten,
2 Navets (kleine weiße Rübchen), das Weiße von 4 Lauchstangen,
1 kleine Sellerieknolle, 2 Zwiebeln,
2 bis 3 Knoblauchzehen, einige Petersilie- und Estragonstengel,
2 l Wasser, 1 kg Rinderfilet, von Fett und Sehnen befreit.*

Das grobe Salz, der Pfeffer, das kleingeschnittene Gemüse, Zwiebeln, Knoblauchzehen und die Kräuter werden mit dem Wasser zum Kochen gebracht. Man umwickelt

Viele Kilometer Poesie: Die Salzgärten von Guérande.

das Filetstück mit einem Faden, die Enden des Fadens bindet man um einen Kochlöffel, und zwar so, daß das Filet, wenn der Kochlöffel quer über dem oberen Topfrand liegt, im siedenden Wasser hängt und von diesem völlig bedeckt wird. Bei sachter Hitze läßt man das Filet 30 Minuten ziehen, und schäumt in dieser Zeit ein- bis zweimal ab. Die Brühe wird durchgeseiht und extra serviert, das Filet in Scheiben geschnitten, es soll innen schön rosa sein! Zum Filet gab es in Saillé *salicornes*, in Essig eingelegte Salzkräuter; es passen aber auch alle feinen Gemüse dazu.

Man kann mitten durch diese *marais salants* fahren, von Saillé kurz hinter Guérande bis an die Küste bei Batz-sur-mer. Viele Straßen schlängeln sich durch die Salzgärten, trotzdem hat sich ihr Biotop-Charakter erhalten. Man kann viele seltene Vögel beobachten und wunderschöne unbekannte Pflanzen am Ufer der Wasserbecken entdecken.

Landeinwärts, in Guérande, trifft man auf ein unversehrt gebliebenes Stück Mittelalter: Die ville close mit den vier mächtigen Tortürmen an der imponierenden Stadtmauer. Wie überall, haben sich auch hier in den schmalen Häusern elegante Geschäfte angesiedelt, und natürlich viele Crêperien, Cafés und Restaurants. In der Porte Saint-Michel, dem nach Osten gelegenen Stadttor, sind im »Musée d'Arts et Traditions Populaires« die Trachten der *paludiers* ausgestellt und ihre wunderschönen, in sattem Rot gehaltenen Möbel.

Die paludiers verkaufen vor ihren kleinen Häusern in Saillé das Landesprodukt: Sel gris.

Es ist einleuchtend, daß hier, mitten im Gebiet der *marais salants,* das Salz eine wichtige Rolle spielt: Fisch und Fleisch in Salzkruste sind Spezialitäten der Region. Das kulinarische Angebot der Halbinsel Guérande ist breit gefächert, aber fast immer haben die örtlichen Delikatessen einen festen Bestandteil: Das grobe *sel gris* oder das feinere *fleur de sel.* Delikat schmecken *les crus,* die rohen Fischspezialitäten. In Saint-Lyphard in der Brière konnte ich ein Carpaccio von rohem Lachs probieren, angerichtet auf sel gris – sehr fein:

Carpaccio de Saumon cru

Carpaccio von rohem Lachs ▷

Für 1 Person:
150 bis 200 g roher Lachs, 2 bis 3 EL Olivenöl, 1/2 TL sel gris,
weißer Pfeffer aus der Mühle,
einige Estragonblättchen, 1 Prise fleur de sel,
1/2 unbehandelte Zitrone.

Der gut gekühlte Lachs wird in hauchdünne Scheiben geschnitten. Man gibt das mit sel gris, Pfeffer und Estragonblättchen gemischte Olivenöl in einen tiefen Teller und wendet die Lachsscheiben vorsichtig in dieser Marinade. Danach streut man eine kleine Prise fleur de sel darüber und garniert den Lachsteller mit dünngeschnittenen Zitronenscheiben – ein Schlemmermahl! Und – ebenso wie der Besuch der Brière – eine wunderschöne Erinnerung.

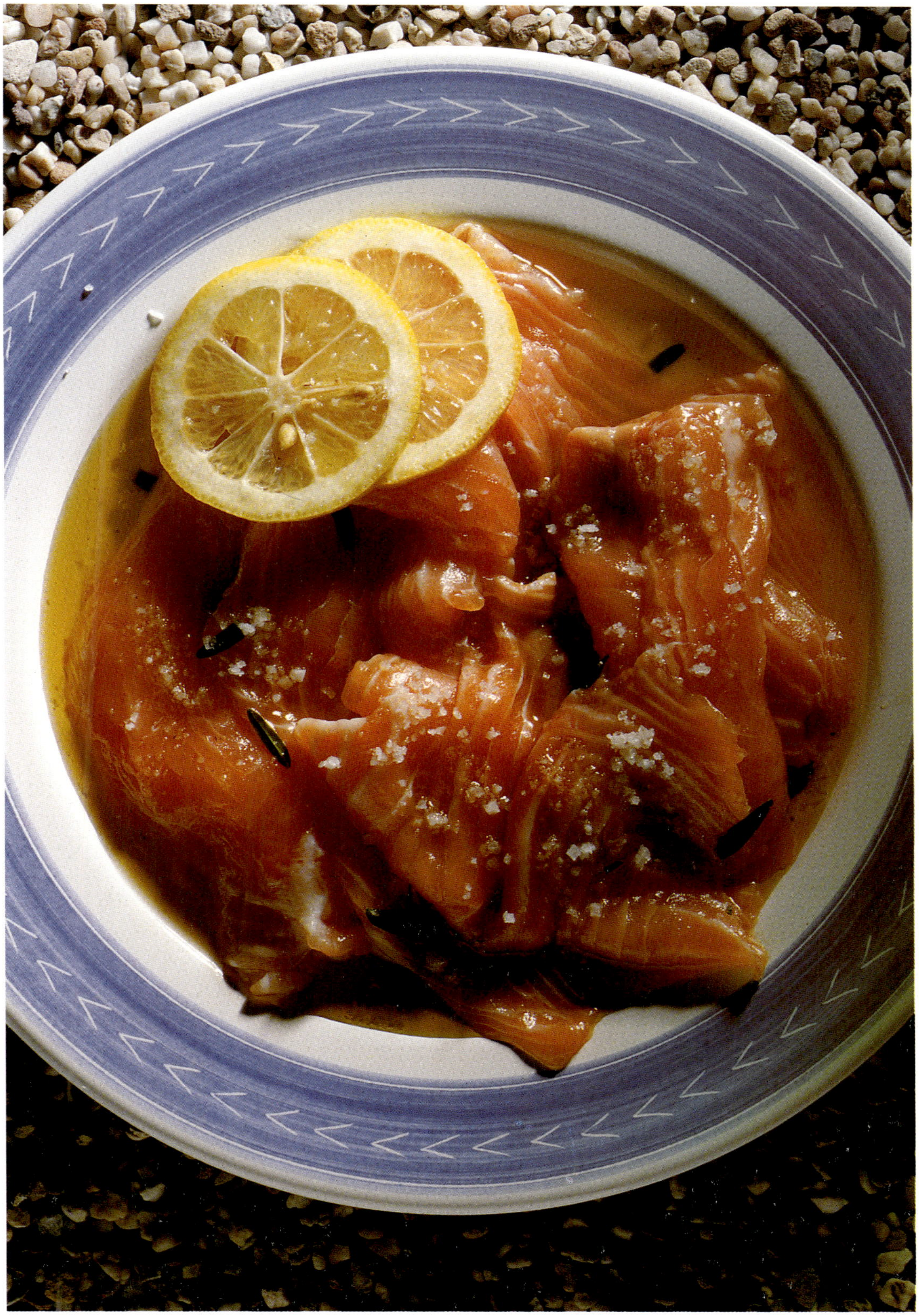

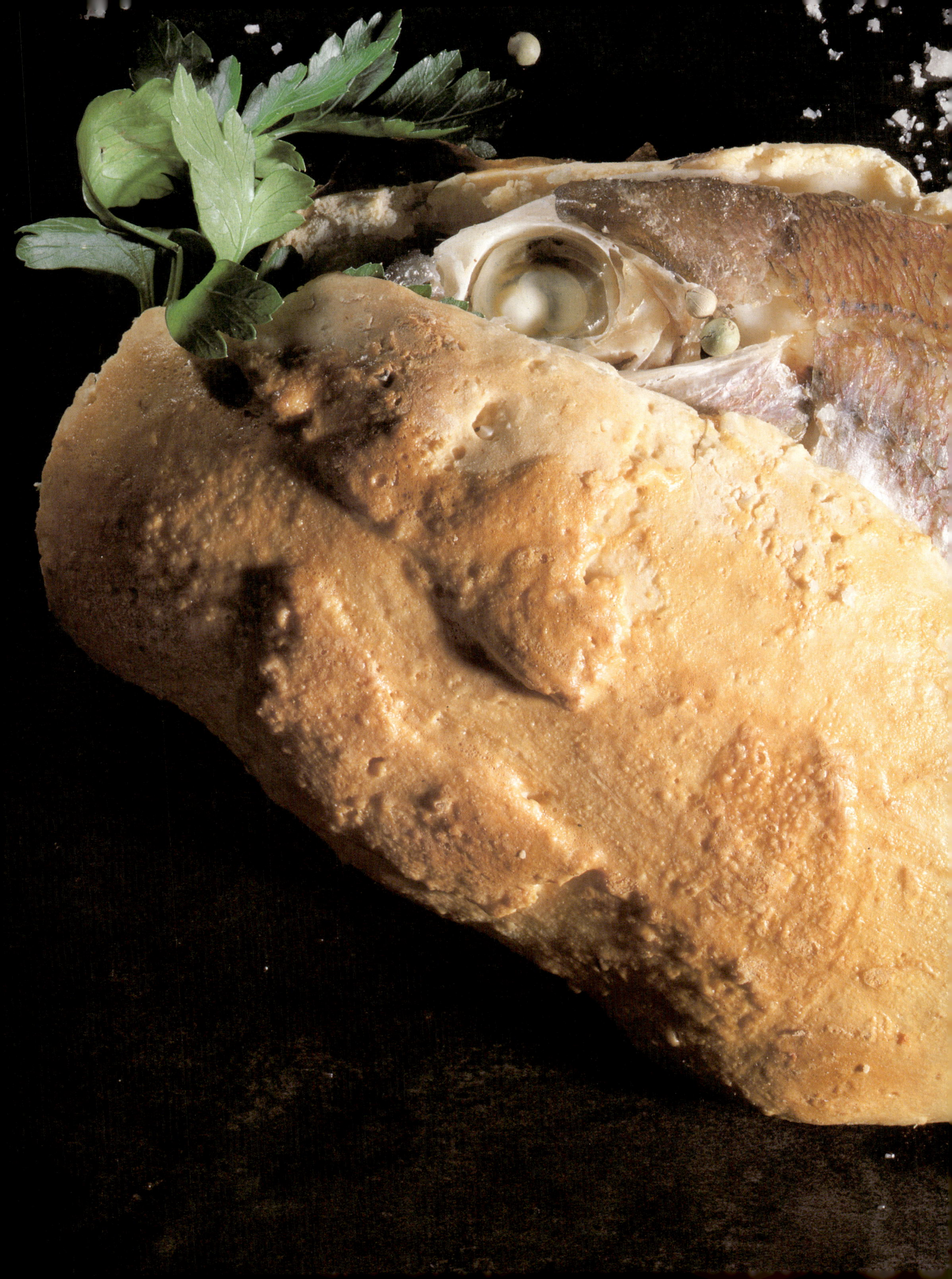

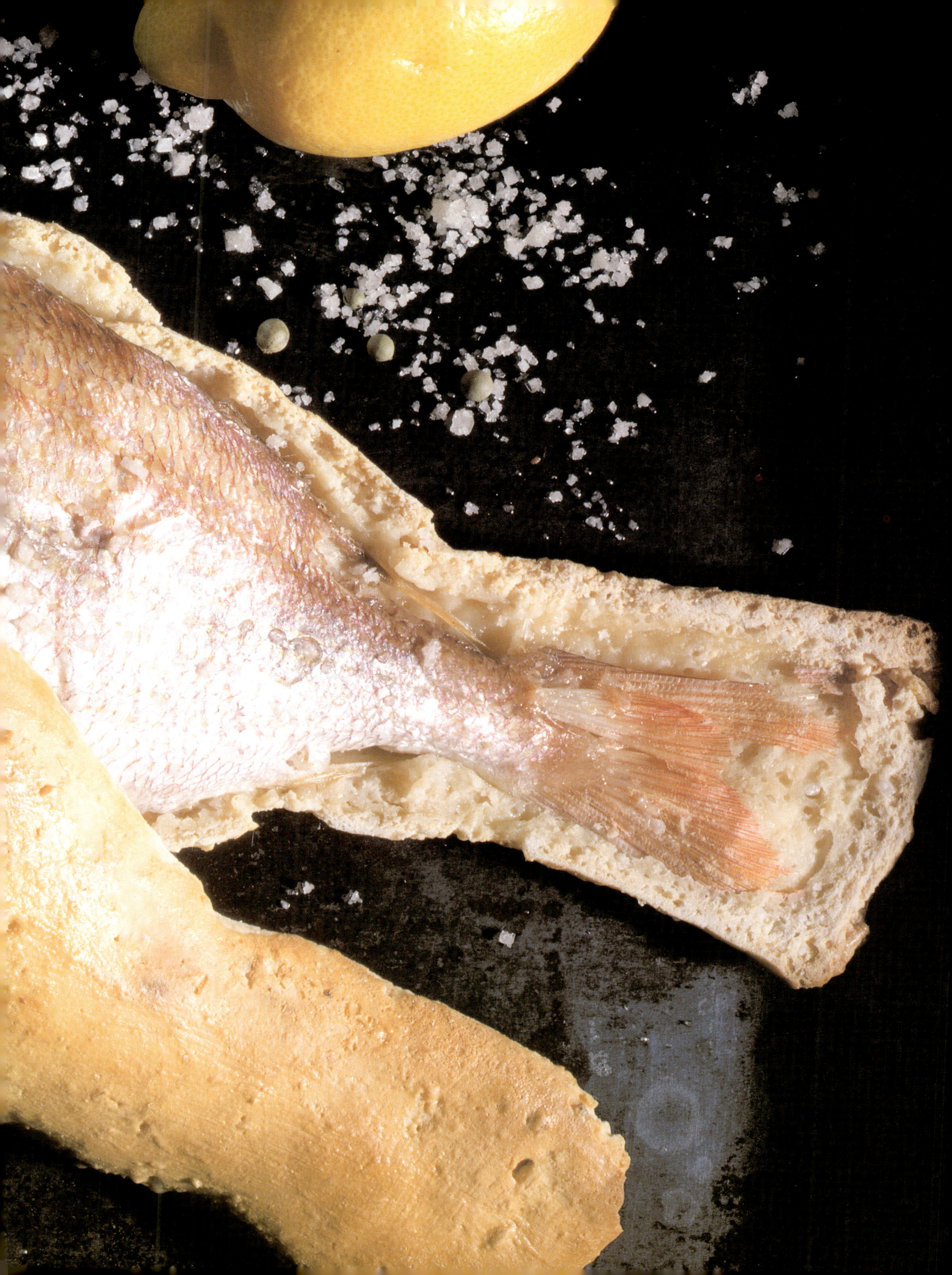

Auf dem Weg von Guérande nach Saint-Lyphard in der Grand Brière sieht man in Kerlo zauberhafte chaumières, *zum Teil dank privater Initiative modernisiert, zum Teil noch alt, aber immer sehr romantisch.*

Einige Gerichte sind typisch für die côte d'amour. Aus Batz-sur-mer stammt das Rezept der Dorades en croûte.

Dorades en Croûte

◁ Goldbrassen im Salzmantel

*375 g Weizenmehl,
100 g grobes Salz aus Guérande,
4 Eiweiß, 100 ml Wasser,
4 Goldbrassen von je etwa 300 g,
Butter für das Blech.*

Man vermischt Mehl, Salz, Eiweiß und Wasser zu einem Teig, den man zu einer Teigplatte von etwa 1/2 cm Dicke ausrollt. Die gewaschenen, gut getrockneten Fische werden sorgfältig einzeln in diesen Teig eingewickelt und alle Ränder werden fest angedrückt. Dann legt man die ummantelten Doraden auf ein gefettetes Backblech, gibt dieses in den vorgeheizten Backofen und backt die Goldbrassen auf mittlerer Schiene bei 175 bis 200 Grad C etwa 20 Minuten, bis die Kruste goldbraun ist. Man öffnet die Salzkruste mit einem scharfen Messer und serviert die Fische mit zerlassener Butter.

Sündhaft lecker ist auch das Tatar von Edelfischen, das ich in La Baule probierte, wie schon das Carpaccio vom Lachs auch dies eine modernere Spielart bretonischer Küche:

Tartare de poissons fins

Tatar von Edelfischen

Für 6 Personen:
Je 250 g Filet von rohem Lachs, Lotte und Merlan,
5 bis 6 EL Olivenöl, Saft von 1 Limette,
je 1 EL feingehackte Petersilie und Estragon,
100 g fleur de sel, 6 Scheiben Räucherlachs,
1 Tasse Crème fraîche, 1 Prise fleur de sel.

Die sorgfältig entgräteten Filets werden feingehackt und mit Olivenöl, Limettensaft, Petersilie, Estragon und dem feinen Meersalz vermischt. Man wickelt das Tatar in die Räucherlachsscheiben und serviert mit Crème fraîche und frischen Salaten. Auf jedes Lachsröllchen gehört natürlich eine winzige Prise *fleur de sel!*

Ebenfalls aus La Baule stammt ein simples, aber vorzügliches Geflügelrezept, das:

Poulet au thym en croûte

Thymianhähnchen in Salzkruste ▷

Für 2 Personen:
1 Brathähnchen, etwa 1 bis 1 1/2 kg,
Pfeffer aus der Mühle,
1 1/2 kg grobes Salz, 3 Eiweiß, 60 g Mehl,
2 bis 3 Thymianzweige.

Das Hähnchen wird innen gepfeffert. Aus Salz, steifgeschlagenen Eiweißen und Mehl bereitet man die feuchte Salzmasse zu und bedeckt damit den Boden einer tiefen Backform. Man legt das Hähnchen und die Thymianzweige darauf und bedeckt beides gründlich mit der restlichen Salzmasse.

Dann backt man die Form im vorgeheizten Backofen auf mittlerer Schiene bei 200 Grad C etwa 1 Stunde. Die Salzkruste wird noch warm abgebrochen.

In La Baule gab es zu diesem zarten *poulet* in Rotwein gedünstete Äpfel – köstlich.

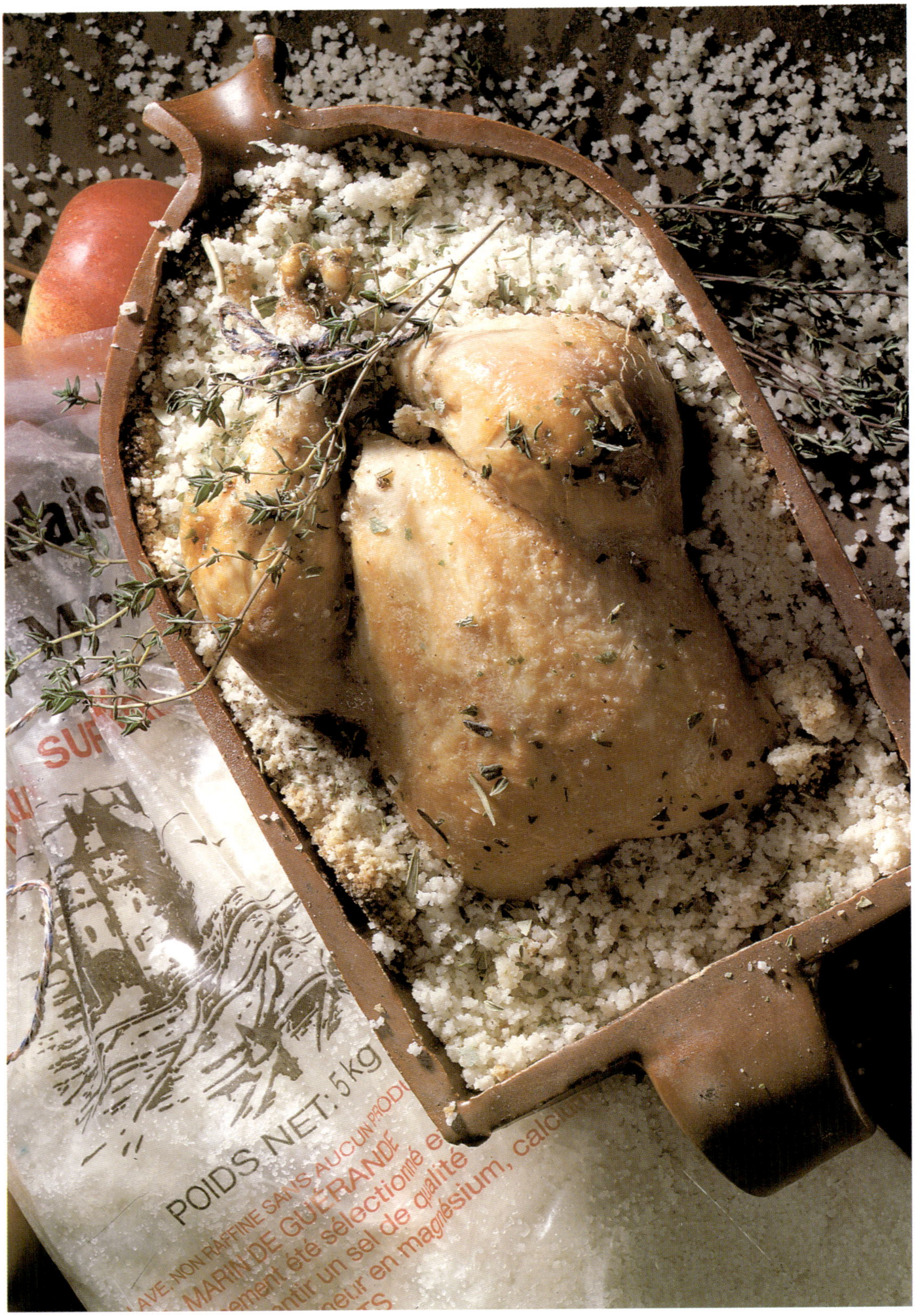
POIDS NET: 5kg
MARIN DE GUERANDE

Nicht nur in Nantes schwören Feinschmecker auf das Rezept der Nanteser Ente! Es ist – zumindest im Süden der Bretagne – ein echter Küchen-Klassiker.

Canard nantais

Nanteser Ente

1 Jungente, etwa 2 kg, Salz, Pfeffer aus der Mühle,
1 Lorbeerblatt, 2 bis 3 Thymianzweige, 3 EL Butter,
etwas Olivenöl, 2 Tassen ausgepalte Erbsen,
2 in Scheiben geschnittene Möhren,
1 Tasse feingehackte Schalotten, 125 g gewürfelter Speck,
1 Kräutersträußchen, 1 Prise Zucker, 1/2 l Muscadet.

Die gewaschene Ente wird innen gut gesalzen und gepfeffert, dann gibt man die Innereien zusammen mit dem Lorbeerblatt, den Thymianzweigen und 1 Eßlöffel Butter in die Ente und näht sie zu. Man brät die Ente in der restlichen Butter und etwas Olivenöl rundherum gut an und stellt sie warm. Im gleichen Topf schmort man dann Erbsen, Möhren, Schalotten und Speckwürfel, würzt mit Salz und Pfeffer, fügt das Kräutersträußchen und den Zucker dazu und löscht mit Muscadet ab. Danach legt man die angebratene Ente auf das Gemüse, läßt alles im geschlossenen Topf gut durchkochen und anschließend bei geringer Wärmezufuhr 50 bis 60 Minuten weiterschmoren.

Man schneidet die gegarte Ente auf, nimmt die Innereien heraus und legt sie mit der Ente auf eine vorgewärmte Platte. Das Kräutersträußchen wird herausgenommen, das Gemüse nach Belieben im Sud noch etwas eingekocht und dann zu der Ente auf die Platte gegeben.

Die Nanteser Ente kommt als einziges Rezept der Gegend ohne das berühmte Meersalz aus, oder vielleicht setzt man dessen Gebrauch in Nantes stillschweigend voraus!

Eine größere Menge *sel de Guérande* hingegen benötigt man zur Herstellung der Entenbrust nach Art der *paludiers*, einer delikaten Entenzubereitung aus Guérande.

Schmuck sind alle die kleinen Häuschen der Salzbauern in Saillé.

Magret de canard des paludiers

Entenbrust der Salzbauern

*4 Entenbrüste, etwa je 300 g, 1 kg sel gris, Olivenöl, Pfeffer,
150 g Salzkräuter, salicornes de Guérande.*

Man bestreicht die Entenbrüste mit dem Öl und brät sie von jeder Seite etwa 15 Sekunden scharf an, die Hautseite zuerst. Dann streut man eine Schicht Salz auf das Backblech und legt die Fleischstücke mit der Hautseite nach unten darauf. Man bedeckt die Enteneile gründlich mit dem restlichen Salz und backt sie im gut vorgeheizten Ofen auf der mittleren Schiebeleiste bei 200 Grad C etwa 8 Minuten.
In der Zwischenzeit werden die Salzkräuter kurz in kochendem Wasser erhitzt – sie müssen knackig bleiben! Danach nimmt man die Entenbrüste aus der Salzkruste, schneidet sie in Scheiben, legt diese auf eine vorgewärmte Platte und garniert mit den warmen *salicornes*.

In den Zwanziger Jahren beherbergte La Baule die haute volée der ganzen Welt! Der täglich glattgebürstete, 8 Kilometer lange feinste Sandstrand Europas war gesellschaftlicher Treffpunkt der internationalen Society. Die elegante Architektur des Ortes bietet einen bunten Querschnitt normannischer, provenzalischer, neo-bretonischer und baskischer Baustile, und im Kasino wird heute wie früher viel Geld gewonnen und verloren. Selbst einfache Straßen gibt es hier nicht – sie nennen sich standesgemäß »allée« oder »avenue«. Im wunderschönen »Thalgo La Baule« wird

*Die endlose Bucht von La Baule ist prädestiniert für Reiten und Strandsegeln.
Diese* chaumière *in der Brière wartet noch auf einen Liebhaber.* ▷

Thalassobehandlung durchgeführt – eine fabelhafte Therapie mit Meerwasser und Algen für müde Gelenke und Wirbelsäulen. Am schönsten aber ist es in La Baule frühmorgens am Meer, wenn die meisten Besucher noch in ihren eleganten Hotels schlafen und einsame Reiter durch das Wasser der Bucht galoppieren, während die ersten Strandsegler ihre Segel setzen. Endloses Meer, ein Himmel wie Kobalt, Pinien und edle Pferde – das ist schon ein sehr südliches bretonisches Bild!

La Baule, Batz-sur-mer, Le Croisic, – dann auf schmalen Straßen durch die Salzgärten nach La Turballe und Piriac – diese Fahrt ist an einem schönen Tag ein Erlebnis! Die zahllosen großen und kleinen Wasserbecken der *paludiers* spiegeln in ihren geometrischen Rastermustern den blauen bretonischen Himmel ein. Wie Punkte auf dem I stehen am Rande der Wasserbecken die grauweißen Salzberge zwischen den grünen Bändern des *salicorne*. Unzählige Vögel bewohnen die Wasserlandschaft. Nördlich von Piriac durchfährt man noch einmal die weiten Salzgärten von Mesquer, und von hier ist es nicht mehr weit zum »Parc Naturel Régional de Brière«. Wasserläufe und kleine Wanderwege schlängeln sich durch dies Vogelparadies, kein Auto stört die Stille. In den kleinen Dörfern kann man die alten *chaumières* bewundern, strohgedeckte Bauernhäuser, zum Teil verfallen, zum Teil aber auch schon liebevoll renoviert: Viele Künstler haben sich die Brière als Domizil ausgesucht und restaurieren sachkundig die alten Häuser. Wer Zeit hat, sollte sie zu einer Bootsfahrt durch die Kanäle der Brière nutzen, ich mußte an meine Reisen im Spreewald denken, es ist eine ähnliche Landschaft, nur daß hier in der Brière die dichten Wälder fehlen.

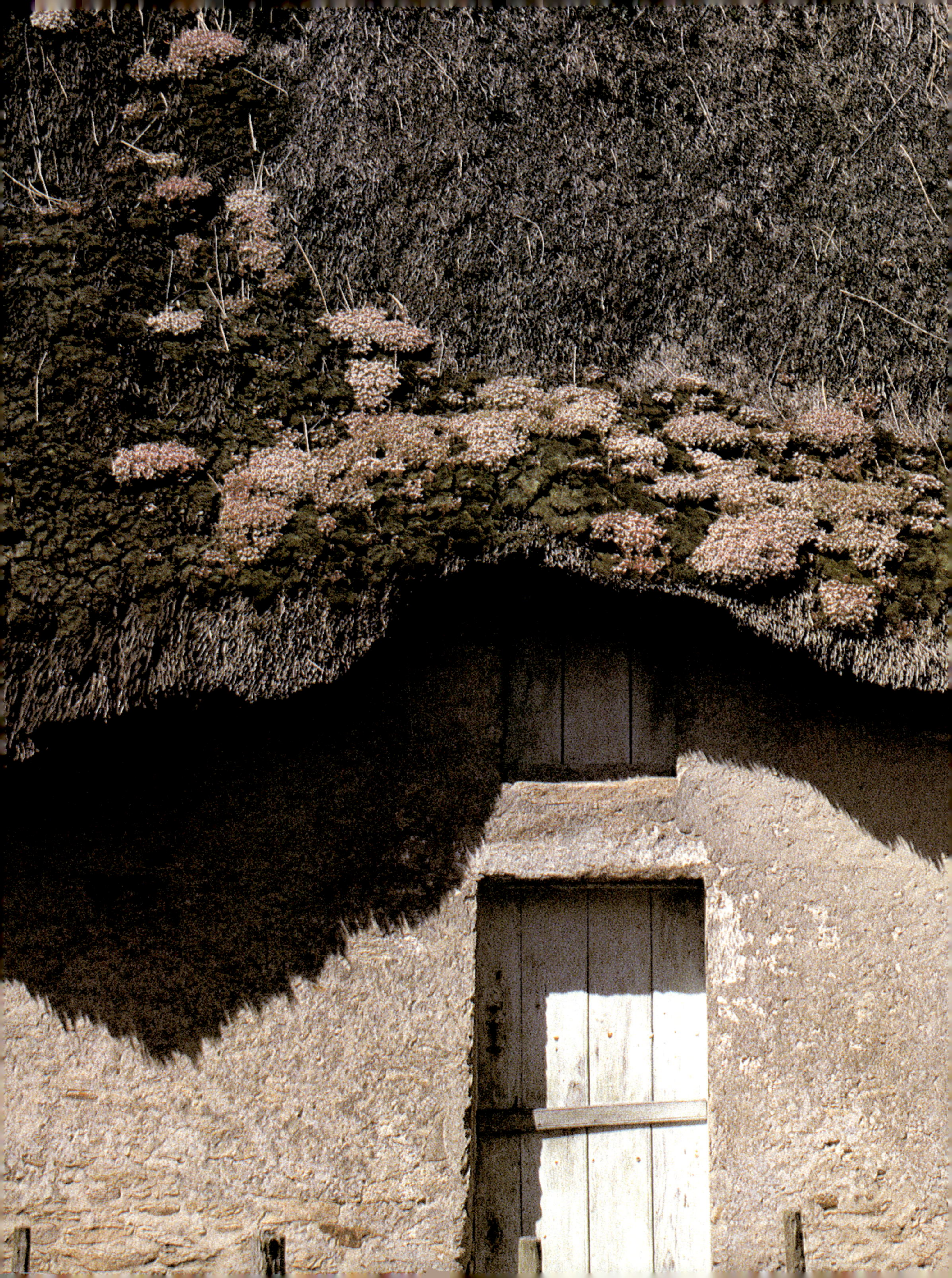

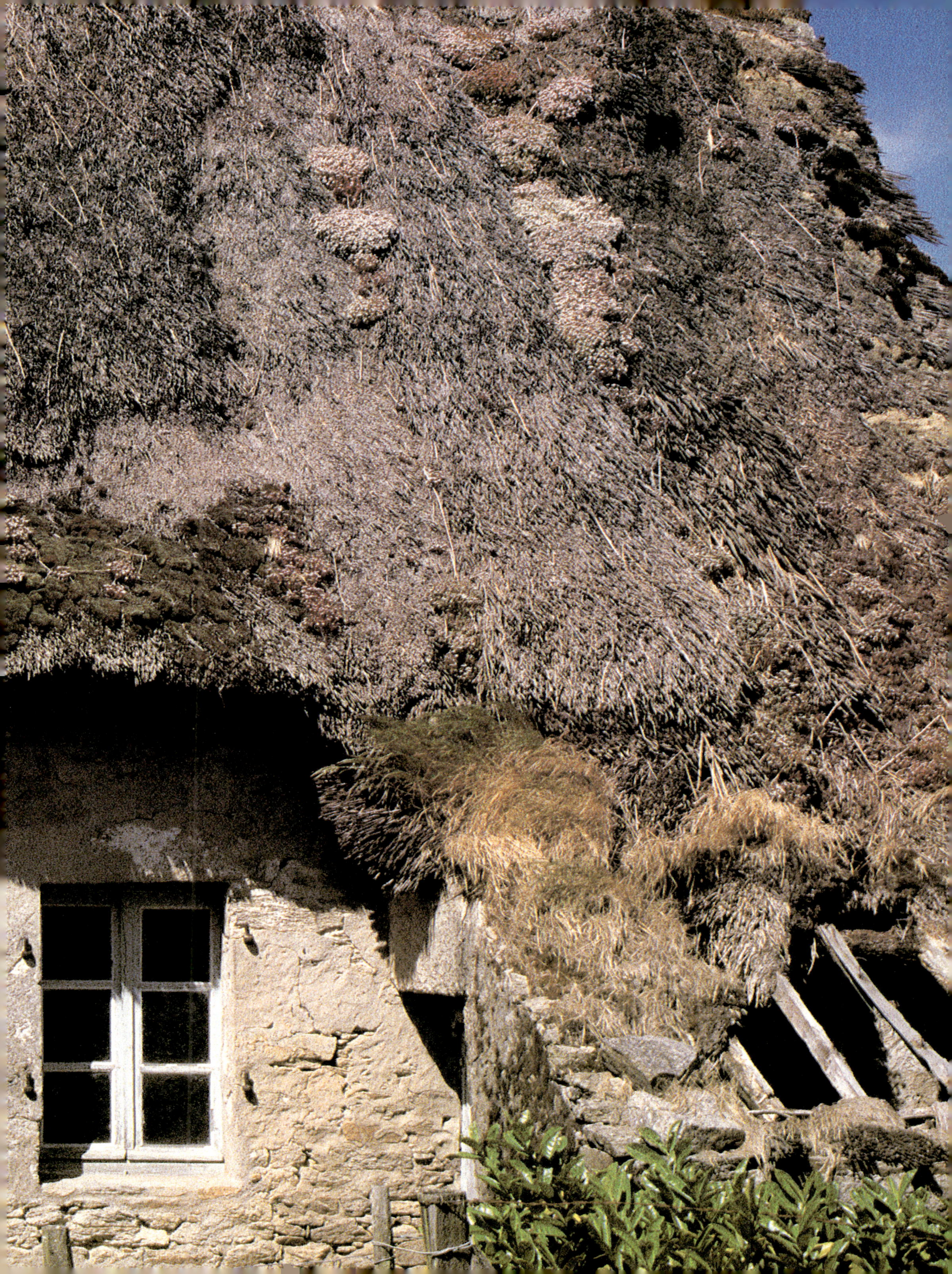

Geschickt und mutig arbeiten die Fischer mit dem Schleppnetz vor der Côte d'amour. Nach Überwindung der 307 Stufen hat man vom phare d'Eckmühl weite Sicht über das pays bigouden. ▷

Die interessante Regionalküche der Halbinsel Guérande hat bei meinen Besuchen im Süden der Bretagne bestimmt eine wichtige Rolle gespielt, aber auch dem Auge bietet der Süden sehr viel Schönes und Unvergeßliches, auch Dramatisches! Ich habe in Le Croisic den Atlantik bei schwerstem Sturm erlebt, in Sekundenbruchteilen wurden die kleinen Badehäuschen am Strand weggewischt, haushoch brandete das Meer gegen das Ufer und war überhaupt nicht mehr blau, sondern fast schwarz. Am nächsten Morgen lag der weite Atlantik friedlich wie ein Lämmchen da, strahlendblau unter ebenso blauem Himmel, und kleine Kutter legten entlang der Küste ihre Netze aus, als hätte es nie einen Sturm gegeben.

Stündlich ändert die Landschaft ihr Gesicht, und das Meer ist hier wirklich ohne Balken; keine charmanten Abers, keine vorgelagerten Inselchen – ungehindert und mit voller Wucht schlagen die Wogen des Atlantischen Ozeans ans Ufer.

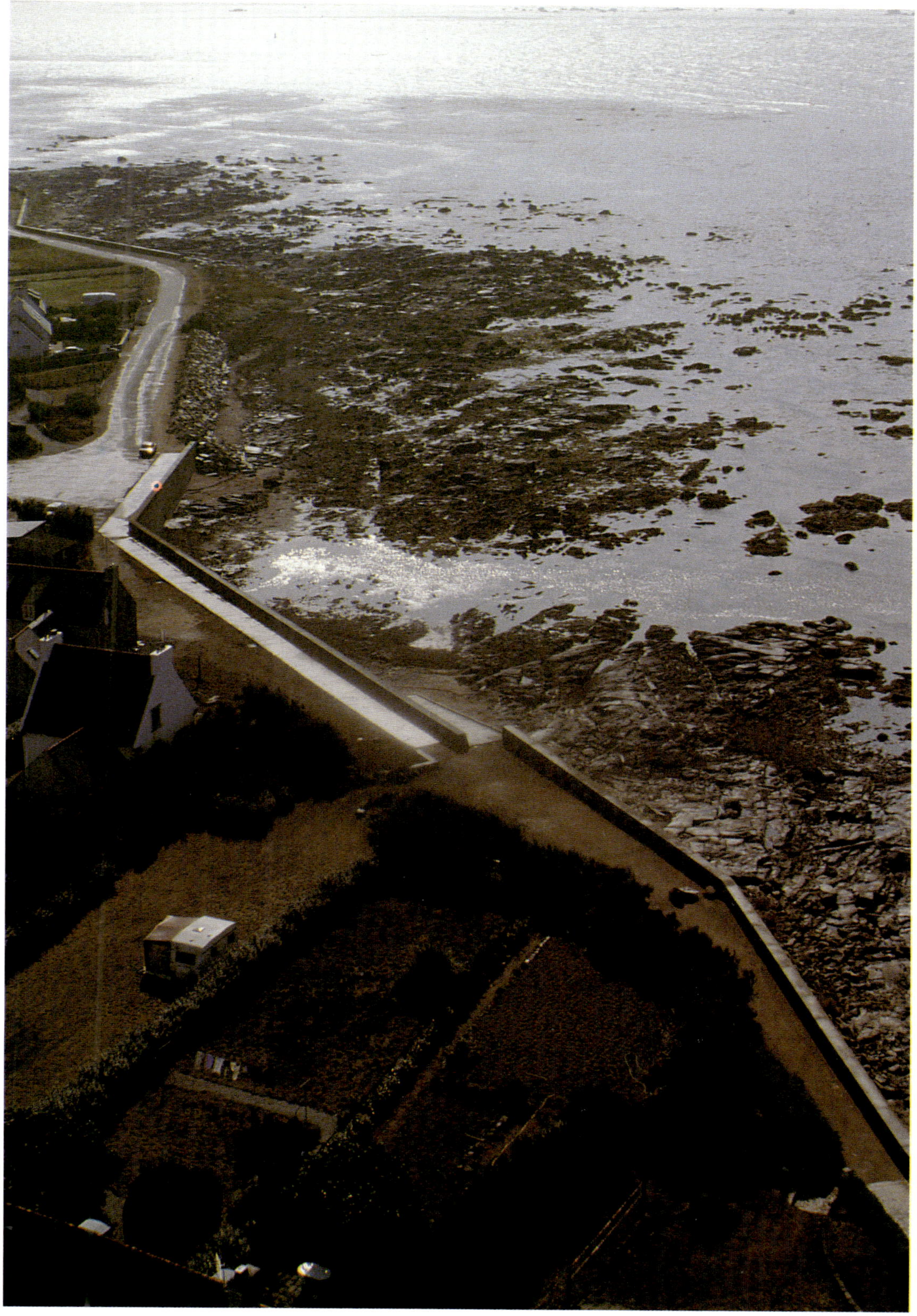

Altes Straßenkreuz im Finistère.

IM LANDESINNERN

Städtchen für

Gourmets

und Kunstfreunde

Es ist eine traurige Tatsache, daß alle Bretagnefahrer in größter Eile an die Küsten des Landes drängen: Unbestritten sind die 1500 Kilometer Küstensaum ein wichtiges bretonisches Markenzeichen. Aber zum Ausklang einer Bretagnefahrt sollte man sich wenigsten einen Tag Zeit gönnen, ins Innere des Landes hineinzuschnuppern. Die Fahrt von Quimper im Westen zurück nach Vitré im Nordosten der Bretagne bietet gute Gelegenheit hierzu, wenn man sich nicht scheut, von der Autobahn abzuweichen.

Die Route führt von Quimper über Le Faouët und Kernascléden nach Pontivy, von dort zum Schloß Josselin und weiter nach Rennes und Vitré.

Le Faouët liegt im »Pays du Roi Morvan«, dem Land des ersten Königs von Armorika. Sein Aufstand gegen Kaiser Ludwig, den Sohn Karls des Großen, ist ein Höhepunkt bretonischer Geschichtsschreibung. Das Städtchen bietet viel Sehenswertes auf engem Raum: Zauberhaft ist die Markthalle aus dem 15. Jahrhundert, liebenswert das mittelalterliche Stadtbild. In der nahe gelegenen »Chapelle Saint-Fiacre« kann man den ältesten gotischen Lettner der Bretagne bewundern, – nie habe ich ähnlich Schönes gesehen! Im »Musée du Couvent des Ursulines« hängen Bilder der bekann-

Bretonische Hausmannskost: Die marinierten Schweinefüßchen.

ten Malerschule von Le Faouët, in eigenen Ausstellungen werden Künstler der Bretagne vorgestellt.

Auf den Kunstgenuß folgt ein irdischer: In der *charcuterie* gleich neben der Halle entdecke ich bretonische Hausmannskost: Marinierte Schweinefüßchen! Gutgelaunt gibt der Patron das Rezept für diese in der ganzen Region beliebte Spezialität:

Pieds de cochon au vinaigrette

Schweinefüßchen in Vinaigrette

*4 Schweinefüßchen, gebürstet und gebrüht,
1 1/2 l Fleischbrühe, 2 Gläser Muscadet,
einige Pfefferkörner, 1 Lorbeerblatt, Salz.*

*Für die Vinaigrette:
1/2 Tasse Olivenöl, 1/2 Tasse Weinessig,
3 in Ringe geschnittene Schalotten,
1 feingehackte Knoblauchzehe, 1/2 TL getrockneter Thymian,
2 EL gehackte Petersilie, Salz, Pfeffer aus der Mühle.*

Man gibt die Schweinefüßchen in den Sud aus Fleischbrühe, Muscadet, Pfefferkörnern und Lorbeerblatt, läßt alles aufkochen und dann etwa 3 bis 4 Stunden sachte weiterköcheln. Wenn die Füßchen weich sind, läßt man sie im Sud auskühlen.

Für die Vinaigrette verrührt man Öl, Essig, Schalotten, Knoblauchzehe, Thymian und Petersilie mit Salz und Pfeffer. Man gießt sie über die abgekühlten Schweinefüßchen und wendet diese einige Male darin.

In der Altstadt von Pontivy regiert Fröhlichkeit.
Die saucisses aux pommes *sind ein schnelles und leckeres Mittagessen.* ▷

Der Patron offeriert auch eine Kostprobe der bretonischen *andouille,* einer Wurst aus fein eingerollten Därmen, die so lustig aussieht und in der kalten und warmen Küche geschätzt wird, hier speziell als Füllung von *crêpes* und als Beilage zum klassischen *farz.*

In Kernascléden kann man die Königin der bretonischen Kirchen besuchen, »Notre Dame de Kernascléden«, ein gotisches Meisterwerk des 15. Jahrhunderts mit berühmten Totentanz-Fresken und einem – in der Bretagne selten zu findenden – herrlichen steinernen Deckengewölbe. Fast ausnahmslos wurden die bretonischen Kirchengewölbe aus Holz erbaut. Die Chapelle de Notre Dame gilt als besterhaltenes Beispiel der bretonischen *gotique flamboyante*

Dritte Station der Reise ins Landesinnere ist Pontivy. Zauberhafte Fachwerkhäuser mit weit vorkragenden Giebeln stehen in den schmalen Gassen, charmant und heiter ist das Ambiente, gemütliche Lokale wechseln ab mit eleganten Geschäften – Pontivy ist ein Städtchen zum Bummeln, und auch ein Einkauf letzter Reisemitbringsel ist hier angesagt.

Das Mittagessen in der Altstadt ist einfach aber schmackhaft: *saucisses aux pommes,* in Butter gebratene Würstchen, die in Äpfeln mit etwas Rosmarin geschmort werden. Der Wirt erklärt die Zubereitung:

Man gibt Butter in eine Pfanne und brät darin kleine Bratwürstchen, die man vorher eingestochen und leicht bemehlt hat, goldbraun. In Spalten geschnittene Äpfel und ein paar abgezupfte Rosmarinnadeln kommen dazu, dann läßt man alles etwa 8 Minuten schmoren, würzt mit Salz und – nach Geschmack – einer Prise Zucker.

Der Weg von Pontivy nach Rennes und Vitré führt über Josselin, bekannt durch das berühmte Schloß der Familie Rohan. Der gotische Bau mit seinen mächtigen Türmen steht stolz über dem Flußufer des Oust. Drinnen kann man die berühmte Puppensammlung des »Musée des Poupées« bewundern, etwa 600 Puppen sind mit vielem Zubehör hier ausgestellt. Seit dem Ende des letzten Jahrhunderts befaßt man sich in Josselin mit dem Sammeln. Über dem Portal des Schlosses ist die selbstbewußte Devise der berühmten Familie eingemeißelt: »Roi ne puis, prince ne daigne, Rohan suis«. Sinngemäß läßt sich dieser Wahlspruch so übersetzen: König kann ich nicht, Prinz will ich nicht sein. Ich bin ein Rohan.

Die Landeshauptstadt Rennes läßt sich, wenn man Zeit sparen muß, gut umfahren, und zu später Stunde belohnt die Weiterreise nach Vitré mit dem Anblick der im Abendlicht liegenden mächtigen alten Burg. Die Altstadt mit ihren malerischen Fachwerkhäusern lädt zu einem Abendspaziergang ein, die Häuser der verwinkelten ville close künden von früherem Reichtum – Vitré war eine berühmte Tuchmacherstadt.

Mächtig erhebt sich das Schloß Josselin über dem Ufer des Oust.

Hier heißt es Abschied nehmen von der Bretagne. Der Schmerz wird gelindert durch die letzte bretonische Abendmahlzeit, die *rillettes de cochon,* eine würzige Mischung aus gehacktem Schweinefleisch, ist zusammen mit dem dazu gereichten *pain de seigle,* einem kräftigen Roggenbrot, und der *beurre salé* ein Hochgenuß, dazu nachhaltige Erinnerung daran, daß die Bretagne französischer Schweinefleischlieferant Nummer Eins ist! Auch in Vitré gab man mir bereitwillig das Rillettesrezept mit auf die Heimreise.

Kenavo, breizh – auf Wiedersehen!

Rillettes de cochon

Rillettes vom Schwein

50 g Gänseschmalz, 500 g Schweinefleisch,
250 g Gänsefleisch, auch anderes Geflügel wie Ente paßt,
1 bis 2 feingehackte Schalotten, 2 bis 3 Thymianzweige,
Salz, Pfeffer aus der Mühle.

Man läßt das Gänseschmalz in einem schweren Topf schmelzen und gibt das kleingeschnittene Fleisch, die Schalotten und Thymianzweige dazu, würzt mit Salz und Pfeffer und läßt alles bei schwacher Hitze etwa 4 Stunden schmoren, die Masse soll nicht kochen. Dann entfernt man die Thymianzweige, entfettet die Fleischmasse, indem man sie durch ein Tuch seiht, und füllt sie nach leichtem Abkühlen in vorbereitete Töpfchen oder Gläser. Das durch das Tuch abgeseihte Fett wird über die eingefüllte Fleischmasse gegeben, dann werden die Gefäße abgedeckt und zugebunden. Kühl gelagert, sind Rillettes lange haltbar.

Die Rezepte

Suppen und Eintöpfe
Bretonischer Eintopf 16
Zwiebelsuppe "Jhonny" 36

Fische
Carpaccio von rohem
Lachs 96
Fischerpastete 43
Gegrillte Sardinen 55
Goldbrassen im
Salzmantel........................100
Klippfischauflauf mit
Spinat..................................30
Lachsschnitzel 53
Makrelen in Apfelwein 25
Sud für Fische, Schal- und
Krustentiere 22
Tatar von Edelfischen 101
Thunfischpastete 83
Thunfisch nach Art von
Concarneau 78

Muscheln, Schal- und Krustentiere
Gefüllte Austern 12
Gefüllte Muscheln 52
Gefüllte Teppich-
muscheln 87
Gegrillte Austern mit
Lambig................................12
Gegrillte Languste 51
Hummer armorikanische
Art 50
Jakobsmuschelpfanne........29
Jakobsmuschelsalat............53
Krabbencocktail 42
Meeresfrüchteplatte 23
Muscheln nach Art von
Cancale 24
Toast mit Strand-
schnecken 88

Fleisch und Geflügel
Bretonische Lammkeule......18
Bratwürstchen mit
Äpfeln 113
Entenbrust der
Salzbauern 104
Kutteln in Apfelwein 64
Nanteser Ente 103
Perlhuhn mit Äpfeln und
Apfelwein 000
Pochiertes Rinderfilet 94
Schweinefüßchen in
Vinaigrette 112
Schweinefleisch-Rillettes ..115
Thymian-Hähnchen in
Salzkruste 101

Gemüse, Beilagen, Soßen
Artischocken mit
Vinaigrette........................35
Algenbutter........................42
Bretonisches Möhren-
püree 73
Nanteser Buttersoße..........54

Pfannkuchen
Kartoffelpfannkuchen 60
Pfannkuchen mit Ei,
Schinken und Käse 59
Pfannkuchen mit Lachs und
grüner Zitrone....................59
Pfannkuchen mit
Vanille-Eis 60
Pfannkuchenteig aus
Buchweizenmehl................58
Pfannkuchenteig aus
Weizenmehl 58

Süßspeisen
Birnen in Gelee..................56
Erdbeer-Gratin 45
Erdbeerkaltschale 46

Kuchen und Gebäck
Bretonische Butterkekse 40
Bretonischer Flan................68
Bretonischer Hefe-
kuchen 67
Bretonischer Kuchen 69

Les recettes

Les soupes et plats uniques
Kig ha Farz 16
Soupe d'oignons
"Jhonny"............................36

Les poissons
Carpaccio de saumon
cru......................................96
Court bouillon 22
Dorades en croûte 100
Escalope de saumon..........54
Maquereaux au cidre 25
La morue gratinée avec
des épinards......................30
Pâté du thon......................83
Quiche du pêcheur............43
Sardines grillées 55
Tartare de poissons fins 101
Thon à la concarnoise 78

Les moules et crustacés
Cocktail des mers................42
Coquillages farcis................52
Homard à l'armoricaine 50
Huîtres farcies 12
Huîtres grillées au
Lambig 12
Langouste grillée 51
Le poêlon de Saint-
Jacques 29
Moules à la cancalaise 24
Palourdes farcies 87
Plat de fruits de mer 23
Salade de coquilles Saint-
Jacques 53
Toast aux bigorneaux 88

La viande et la volaille
Canard nantais 103
Filet de bœuf à la ficelle 94
Gigot d'agneau à la
bretonne 18
La pintade aux pommes
et au cidre 000
Magret de canard des
paludiers 104
Pieds de cochon au
vinaigrette........................112
Poulet au thym en
croûte 101
Rillettes de cochon 115
Saucisses aux pommes 113
Tripes au cidre 64

Les légumes, les garnitures, les sauces
Artichauts au vinaigrette 35
Beurre blanc nantais............54
Beurre d'algues....................42
Purée bretonne....................73

Les crêpes
Crêpes »La banquise« 60
Crêpes »La complète« 59
Crêpes »La saumon citron
vert« 59

Les crêpes et galettes
Galettes aux pommes de
terre 60
Pâte de blé noir..................58
Pâte de froment 58

Les desserts
Gratin de fraises 45
Poires en gelée 56
Soupe de fraises 46

Les gateaux et biscuits
Biscuits bretons 40
Far breton 68
Gateau breton 69
Kuign Amann....................67

Glossar

andouille – Darmwurst oder Schlackwurst
Araignée – Spinnenkrebs
artisanal – handwerklich, steht oft für die Bedeutung selbständig

beurre demi-sel – bretonische Salzbutter
bigorneaux – kleine Strandschnecken
biscuits bretons – bretonische Butterkekse
Bisquine – altes Austern-Fangschiff von Cancale vom Anfang des 19. Jahrhunderts, auch berühmtes Regatta-Segelschiff
blé noir – Buchweizen
bouchots – mit Stricken umwundene Pfähle im Meer, auf denen die Pfahl- oder Miesmuscheln wachsen
breizh – bretonisches Wort für »Bretagne«

cabillaud – Kabeljau
café au lait – Milchkaffee, wird aus großen Tassen getrunken
chaumière – strohgedecktes altes Bauernhaus in der Brière
cidre de maison – hausgekelterter Apfelwein
civet de homard – Hummerragout
claires – Frischwasserbecken für Muscheln und Austern
coiffe – die bis 80 Zentimeter hohe Haube der bretonischen Landes-tracht, die schönsten Exemplare sieht man im pays bigouden
corail – Rogen
coquille Saint-Jacques – Jakobsmuschel
cotriade – bretonischer Fischeintopf
crabe – Taschenkrebs
crème de beurre oder *beurre blanc* – Buttersoße
crêpe – dünner Pfannkuchen aus Weizenmehl
crêpes dentelles – feines Gebäck aus gerollten hauchdünnen *crêpes*, in Goldpapier verpackt, eine bretonische Delikatesse
criée – Versteigerung von Fischen und Krustentieren
croutons – in Butter geröstete Weißbrotwürfel
cru – roh
cru fermier – hausgekelterter Apfelwein

crustacés – Krustentiere
cusinier, cuisinière – Koch, Köchin

far breton – bretonischer Flan
fleur de sel – feines Meersalz
fraises – Erdbeeren
froment – Weizen

galette – dünner Pfannkuchen aus Buchweizenmehl
goëmons – Meeresalgen
gotique flamboyante – in der Bretagne häufig anzutreffender Baustil der späten Gotik
goût – Geschmack

huître creuse – tiefe Auster, z. B. von Cancale
huître plat – flache Auster von Belon

kenavo – bretonisches Wort für »Auf Wiedersehen«
Kig ha farz – bretonischer, sehr gehaltvoller Eintopf
Kuign Amann – berühmter Butterkuchen aus Hefeteig

langouste – Languste
langouste rosé – rosa Languste von der Küste Nordafrikas
langouste rouge – heimische Languste der bretonischen Küste
les crus – Zubereitungen von rohem Fisch
Lotte – Seeteufel

malouinières – elegante Landsitze der alten Reeder und Korsaren in der Gegend von Saint-Malo
marais salants – Salzgärten
marée basse – Ebbe
marée haute – Flut
mauretanier – Fangschiffe, die auf »große Tour« gingen bis an die Küsten Mauretaniens
merlu – Seehecht
morue – Stockfisch, getrockneter Kabeljau, nicht gesalzen (Stockfisch), gesalzen (Klippfisch)
moules – Muscheln
mytiliculture – Muschelaufzucht in Plantagen

ostréiculture – Austernaufzucht in Austernparks, die bei Flut unsichtbar unter dem Wasser liegen
oursin – Seeigel

pain de seigle – Roggenbrot
palourdes – Teppichmuscheln
paludier – Salzbauer
petit bateau – Fischkutter
pré-salé-Lämmer – Lämmer, die am Mont Saint-Michel auf den Salzwiesen weiden

raie – Rochen
rillettes – eine Art Mett, meist aus Schweinefleisch

sabots – handgeschnitzte Holzpantinen
salicornes – Salzkräuter, meist in Essig eingelegt
sardine – Sardine
sel gris – grobes Meersalz
soupe de poissons – Fischsuppe
station balnéaire – Badeort

tarte au thon – pikanter Thunfischkuchen
thon albacore – großer Thunfisch aus dem Indischen Ozean
tourteaux – Einsiedlerkrebse; große Taschenkrebse

viviers – Frischwasserbassins für lebende Fische und Krustentiere

Wakamé, auch *Ouessane* genannt – auf der Insel Ouessant gezüchtete eßbare Alge

Einige Restaurants, Cafés, Crêperien

AUDIERNE

LE GOYEN
Sur le Port –
Place Jean-Simon,
29770 Audierne
Adolphe Bosser kocht exquisite 3-Sterne-Küche und man genießt zauberhafte Aussicht!

CAMARET-SUR-MER

Crêperie ROCAMADOUR
11, Quai Kléber,
29570 Camaret-sur-mer
Schöner Blick auf die Chapelle de Rocamadour, über 60 Crêpe- und Galettes-Zubereitungen!

LA VOILERIE
7, quai Toudouze,
29570 Camaret-sur-mer
Elegantes kleines Restaurant mit exquisiter Fischküche

CONCARNEAU

LE GALION
15, rue Saint-Guenolé, ville close,
29900 Concarneau
Das Restaurant ist in die Remparts von Concarneau hineingebaut, ebenso das kleine Hotel, in stimmungsvoller Umgebung wird hervorragende Sterneküche gekocht

ERQUY

BEAUREGARD
Boulevard de la mer
22430 Erquy
Spezialität: Les Coquilles Saint-Jacques.

GUÉRANDE

LA COLLÉGIALE
63, faubourg Bizienne,
44350 Guérande
Die Räume im Ambiente Louis XIII stimmen festlich, das Angebot von Spezialitäten aus dem Meer ist groß; wer nur in Jeans reist, sollte in der eleganten ville close Hemd und Krawatte erstehen vor dem Besuch!

ILE DE BRÉHAT

HOTEL BELLEVUE
Port clos,
22870 Ile de Bréhat
Wenige Schritte von der Schiffsanlegestelle, Terrasse mit herrlicher Aussicht aufs Meer

LA BAULE

LE CHRISTINA
26, Bd Hennecart,
44500 La Baule
Sterneküche, einzigartiger Panoramablick über die weite Bucht von La Baule. Exquisite Fisch- und crustacés-Zubereitungen.

LE CROISIC

LE PORNIC
4, quai du Port-Ciguet,
44490 Le Croisic
In dem alten Haus mit wunderschöner farbiger Holztäfelung bekommt man delikate Fisch- und Krustentierzubereitungen serviert.

CRÊPERIE DU TEMPS-PERDU
1, place de l'eglise,
44740 Batz-sur-mer
Man sitzt zu Füßen der wunderschönen Kirche von Batz, deren Turm man auch ersteigen kann, um einen großartigen Ausblick auf die marais salants zu haben, und genießt phantasievolle Crêpe-Variationen.

MONT SAINT-MICHEL

LA BEGOSSIERE
Odile et Bernard Moubeche
35610 Roz-sur-Couesnon
Regionale Spezialitäten, Gänse, Entenleber, rillettes

PONT-AVEN

MOULIN DE ROSMADEC
Venelle der Rosmadec,
29930 Pont-Aven
Exquisites Speiserestaurant in einer Mühle aus dem 15. Jahrhundert am Ufer des Aven. Hervorragende Küche

QUIMPER

CRÊPERIE DU VIEUX QUIMPER
20, rue Verdelet
29000 Quimper
Urgemütliches Lokal, bretonisch-rustikal eingerichtet – ein Muß für Quimper-Besucher!

RIEC-SUR-BELON

CHEZ JACKY
Port du Belon, rive droite,
29340 Riec-sur-Belon
Aussicht auf eigene Austernzuchtbecken und den kleinen Hafen von Belon. Spezialität: fruits de mer, homard grillé und besonders: huîtres belons!

ST. MALO

LA DUCHESSE ANNE
5, place Guy-La-Chambre,
35400 Saint-Malo

LE CHATEAUBRIAND
place Chateaubriand,
35400 Saint-Malo

SALON DE THÉ
Magazin de Faïence
Les Rochers Sculptés
Rothéneuf
35400 Saint-Malo

Museen

ARGOL – Crozon

Le Musée du Cidre
Route de Brest,
29560 Argol –
Vergers de Kermazin

Les Vieux Métiers Vivants
Bourg d'Argol,
29560 Argol

BATZ-sur-mer

Musée Des Marais-Salants
29 bis, rue Pasteur,
44740 Batz

CANCALE

Musée de l'huître et du coquillage
Plage de l'Aurore,
35260 Cancale,
Route de la Corniche

CARNAC

Musée de Préhistoire
10, place de la chapelle,
56340 Carnac

CAMARET-sur-mer

Musée de la Marine
Tour Vauban, Le Sillon,
29570 Camaret-sur-mer

CONCARNEAU

Musée de la pêche
Rue Vauban,
29900 Concarneau

DOUARNENEZ

Le Port Musée
Quai de Port-Rhu
29100 Douarnenez

LE FAOUËT

Musée de Peinture
Couvent des Ursulines, Place des Halles,
56320 Le Faouët

GUÉRANDE

Musée Régional Porte Saint-Michel
1, place du Marhalle,
44350 Guérande

GUÉRANDE – SAILLÉ

La maison des Paludiers
18, rue des Prés Garnier
44350 Guérande

ILE D'OUESSANT

Ecomusée
Maison du Niov-Huella,
29242 Ouessant

JOSSELIN

Musée de Poupées
3, rue des Trente,
56120 Josselin

Château Rohan
Place de la Congregation,
56120 Josselin

MONT SAINT-MICHEL

Logis Tiphaïne –
Maison de Du Guesclin
Grand-Rue,
Mont Saint-Michel

PONT-AVEN

Musée de Pont-Aven
Place de l'Hotel-de-ville,
29123 Pont-Aven

PONT-L'ABBÉ

Musée Bigouden
Mairie, 29120 Pont-L'Abbé

PORT-LOUIS

Musée de la Compagnie des Indes
Citadelle, 56290 Port-Louis

QUIMPER

Musée Départemental Breton
1, rue du Roi-Gradlon

Musée des Beaux Arts
40, place Saint-Corentin

Musée de la Faïence Jules Verlingue
14, rue Jean Baptiste Bousquet

Faïencerie Henriot
Rue Haute

QUIMPER – PLOMELIN

Musée de la Crêpe
Route de Pont-L'Abbé,
ZA de Penhoat Braz, BP 9
29700 Quimper – Plomelin –
Alizé Biscuiterie

SAINT MALO

Manoir de Jacques Cartier
Limoëlou-Rothéneuf,
35400 Saint-Malo

Les Rochers Sculptés
35400 Rothéneuf
Saint-Malo

Musée de la pomme et du cidre
La ville Hervy,
22690 Pleudihen-sur-Rance